ZWILLINGE *das Magazin*

AF163371

Das Mitmach-Magazin für Zwillings- & Drillingseltern

Band 25
März/April 2017

© Marion von Gratkowski
Postfach 40 11 11
D-86890 Landsberg
Tel. 0049-(0)8344-8099539
info@twins.de
www.twins.de
Redaktion: Marion von Gratkowski
Titelfoto: Familie Busch
Fotos & Texte: Privat
Herstellung & Verlag: BoD - Books on Demand, Norderstedt
1. Auflage im März 2017
ISBN ISBN 978-3-7431-7302-6
auch als E-Book erhältlich

INHALTSVERZEICHNIS: ZWILLINGE -Ausgabe 25

2 Impressum

3 Inhaltsverzeichnis

4 Editorial

5 Bezugsbedingungen

8 Schwangerschaft: Zu früh geboren und alles gut gegangen

15 Ihre Beiträge in unserem Heft

16 Uups?! Zwillinge - wie ich davon erfahren habe

19 Cool Twister: schnelle Fläschchen

20 Schnelle Tipps - praktische Ideen

22 Schnuller weg - so geht's

24 Kinderbesteck gegen Essprobleme

26 Bastelspaß mit Fädelblumen

28 Muttertagsgeschenk basteln

30 Kindoo: Kinderkleidung zum Leihen

33 Ein Regal für Zwillinge

34 Meine Eltern sind die Besten!!!

37 Buchbesprechung: Partnerschaft in Zeiten von Kindern & Karriere

38 Buch: alleinerziehend mit Zwillingen

40 Alleinerziehend: Was ist anders?

42 Reisen mit Kindern: ein Buch zur Reiseplanung & für's Reisebudget

44 Fotoparade: Das sind unsere Zwillingsfamilien

46 Rezept: Wir backen ein Osterlamm aus Hefeteig

48 Große Zwillinge - eigene Wege

50 Hochbegabung: Fluch oder Segen? Teil 2

55 70jähriges Jubiläum: 70 Jahre Hessen & die Zwillinge Fass

60 Unser toller Schwedenurlaub

62 Unser Blog für Euch

65 ZWILLINGE - DAS MAGAZIN: diese Hefte gibt es noch

68 Zu guter letzt: Gib dem Affen Schnuller

ZWILLINGE - DAS MAGAZIN Ausgabe März/April 2017 Nr. 25

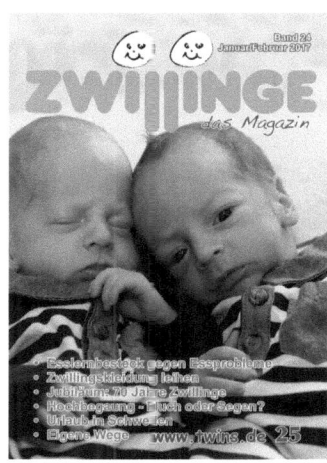

7,99 Euro

bestellbar auf www.twins.de oder im Buchhandel - online & Ladengeschäfte

EDITORIAL: Das neue Magazin verändert sich noch

*Liebe Leserin, lieber Leser,
liebe Zwillingseltern, liebe Drillingseltern,*

hier halten Sie die zweite Ausgabe unserer neuen Zeitschrift ZWILLINGE - DAS MAGAZIN in Händen. Der Start des Nachfolgeobjektes war etwas holprig. Die vorsichtigerweise vorab bestellten Probeexemplare wurden später geliefert, als die große Auflage. Dumm, wenn die große Auflage dann samt und sonders von schlechter Qualität ist. Leider. Alle Schwarz/weiß-Fotos waren streifig, auch einige Farbfotos. Es ist sowieso sehr schade, dass wir so wenig Farbe im Heft haben. Das liegt daran, dass Farbe richtig Geld kostet und dieses Heft ja finanzierbar bleiben muss.

Also musste alles noch einmal gedruckt werden. Eine riesige Zeitverzögerung. Immerhin war die Firma Books on demand so kulant, dies zu tun. Danke dafür! Die zweite Auflage kam dann am Samstag - sie musste montags (30.1.2017) verschickt werden.

Nächstes Problem: Die neue Zeitschrift ist zu breit für die bisher verwendeten Umschläge, also mussten wir improvisieren. Ich hoffe, jeder hat sein Heft trotzdem gut und sicher erhalten.

Jetzt habe ich mich entschlossen, das Format der neuen Zeitschrift an unsere DIN A5-Kuverts anzupassen. Das ist sinnvoller. Und wie ich finde, ist das Heft auch kompakter auf diese Weise.

Constantin (von links), Nicolai, Maximilian und Marion von Gratkowski

Wenn ich genug Beiträge habe, mache ich statt der 64 angekündigten Seiten gerne 68 Seiten. Das aber liegt an Euch, liebe Leser und Leserinnen. Denn unser Konzept bleibt wie es ist: Hier schreiben die wahren Experten und das seid Ihr. Ich auch ein bisschen, aber ich würde mich freuen, wenn Ihr wie immer fleißig Beiträge schickt. Ich gebe auf der nebenstehenden Seite bekannt, in welchen Sparten wir noch dringenden Bedarf haben und was im nächsten Heft drin stehen wird.

Und wie bisher: jeder, der uns eine schöne Geschichte und ein paar Fotos schickt, bekommt das Heft gratis - zum Sammeln. Auch wer kein Abonnent ist, bekommt gerne ein Heft mit seinem/ihrem Beitrag. Ehrensache!

Scheuen Sie sich nicht, sich bei uns zu melden. Unsere Internetseite www.twins.de bleibt bestehen und auch unsere E-mail-Adresse: info@twins.de.

Viel Spaß beim Lesen - Ihre/Eure Marion von Gratkowski

ZWILLINGE - DAS MAGAZIN Nr. 26: Was ist darin geplant?

Zu folgenden Bereichen/Themen suchen wir noch Beiträge:

- Schwangerschaft & Geburt
- Stillen/Fläschchen füttern
- Schlaflose Nächte
- Umstellung auf feste Kost (Brei)
- Mobil bleiben im Sommer mit Fahrrad-Ideen
- Streit, Konkurrenz, enge Verbindung
- Kindergarten
- Schule
- Basteln
- Sport im Sommer
- Urlaubsideen
- Rezepte für das Backen & Kochen mit Zwillingen

Wie Sie Ihre Beiträge schicken können, steht auf Seite 15.

Was finde ich jetzt wo, wenn es hier nicht mehr steht?

- Termine & Veranstaltungen finden Sie ab sofort auf unserer Internetseite www.twins.de
- Eine Übersicht über unser komplettes Buchprogramm finden Sie ebenfalls auf unserer Homepage unter www.twins.de
- Auch all die Hefte der bisherigen Zeitschrift, die man sich noch bestellen kann, sind unter www.twins.de zu finden.
- Neuerungen werden auch auf Facebook auf unserer Seite „zeitschrift zwillinge" bekannt gegeben.

Es lohnt sich also immer, auch einmal einen Blick auf unsere Homepage zu werfen oder einfach den newsletter auf www.twins.de zu abonnieren, da wir Sie dann immer einmal wieder mit unseren Neuerungen bekannt machen.

BEZUGSBEDINGUNGEN

- ZWILLINGE - DAS MAGAZIN löst unsere bisherige Zeitschrift ZWILLINGE ab.
- Erscheinungsweise: zweimonatlich.
- Erscheinungstermine sind: 30. Januar 2017, 27. März 2017, 29. Mai 2017, 31. Juli 2017, 25. September 2017 und 27. November 2017 (unter Vorbehalt) usw.
- Das Magazin kann einzeln oder im Abonnement bezogen werden.
- Einzelhefte kosten 7,99 Euro plus Porto 1,- Euro.
- Abonnements kosten 54,- € befristet auf 1 Jahr; 52,- € fortlaufend bis zur Kündigung eines Tages.
- Abonnements gelten fortlaufend und mindestens 1 Jahr = 6 Hefte.
- Die Kündigung muss schriftlich erfolgen per E-mail an info@twins.de oder per Brief (KEIN Einschreiben!!!) an unsere Adresse:
- ZWILLINGE, Postfach 40 11 11, D-86890 Landsberg am Lech.
- Unser Fax: 0049-(0)8344-809 95 40.
- Einzelhefte und Abonnements müssen vorausbezahlt werden.
- Unsere Bankverbindung: Hypovereinsbank Landsberg, Lutz von Gratkowski, IBAN: DE77 7202 0070 6110 3155 60, SWIFT-BIC: HYVEDEMM408
- Zahlung per Paypal geht in Verbindung mit unserer E-mail-Adresse. ABER: **Bitte Gebühren zu Ihren Lasten!**
- Alle Rechte für den Inhalt liegen bei Marion von Gratkowski, Verlag von Gratkowski, Postfach 40 11 11, D-86890 Landsberg.
- Unsere Internetpräsenz: www.twins.de, E-mail: info@twins.de
- Etwas unklar? Rufen Sie mich bitte an: Tel. 08344-809 95 39.

LESERBRIEFE: Euer Kontakt zur Redaktion

Briefe an die Redaktion

Eigentlich wollten wir die Rubrik „Leserbriefe" weglassen. Aber es wäre doch schade, wenn unsere Leserinnen und Leser keinen Beitrag mehr kommentieren dürften. Also - einigen wir uns darauf, nur zwei Seiten (statt bisher vier) zu veröffentlichen.

In all den Jahren, seit es die Zeitschrift ZWILLINGE gab (jetzt gibt es ja dieses Nachfolgeprojekt) sind Leser und Zeitschrift zu einer großen Familie zusammengewachsen. Hier mal ein dickes Lob.
Seit 23 Jahren lese ich Ihre Zeitschrift ZWILLINGE. So alt sind unsere Zwillinge Caroline und Juliane nun schon.
In den ersten Jahren habe ich Ihre Zeitschrift sofort nach Ankunft „verschlungen", das hat natürlich mit den Jahren etwas nachgelassen, aber trotzdem habe ich die Hefte immer sehr gerne gelesen, da die Beiträge sehr informativ und so realitätsnah waren. Zwillinge zu haben, ist eben etwas anderes als mehrere Einlinge. Das habe ich praktisch übrigens auch erfahren, da wir noch ein drittes Kind (männlich, jetzt 19 Jahre) haben. Heute möchte ich mich bei Ihnen ganz herzlich für diese tolle Zeitschrift bedanken und Ihnen für die Zukunft mit dem neuen Format alles Gute und viel Erfolg wünschen.
Viele liebe Grüße sendet Elisabeth B.-M.
P.S. Auch auf www.twins.de werde ich weiterhin vorbeischauen.

Viele Zwillingsfamilien haben wir mit ZWILLINGE über lange Jahre begleitet. Zwillingsfamilie L. aus Jena schickt ein Update.
Seit der Entdeckung Ihrer Zeitschrift im Jahr 2005 haben wir die Artikel immer gern gelesen. Die Schicksale hinter den Geschichten konnten wir nur zu gut nachempfinden.
Seit dem Jahr 2013, als ich Ihnen auch einmal Beiträge aus unserem Zwillings-

So ändern sich die Größenverhältnisse: Mama Manuela beim Skifahren mit den Zwillingen Andreas und Johannes.

leben schicken konnte, ist die Zeit natürlich viel zu schnell vergangen. Unsere Zwillinge Andreas und Johannes sind im letzten Sommer schon 15 Jahre alt geworden, und wir Eltern müssen zu ihnen aufschauen. Bei Zwillingen kann man sich leider nicht allmählich daran gewöhnen, ein Kind zu haben, sondern muss sofort zwei ganz verschiedenen Persönlichkeiten gerecht werden. Mit dem Erwachsenwerden verhält es sich nun genauso. Die Zeit der Kindheit ist auf einmal doppelt zu Ende. Ein bisschen mehr dazu und ein paar Fotos habe ich Euch auch geschickt.

Anm. d. Red.: Dazu mehr auf Seite 48.

Zwillingsmutter Franziska, die ZWILLINGE schon seit Jahren (in der ursprünglichen Form) liest, hat das erste neue Heft von ZWILLINGE - DAS MAGAZIN erhalten und wundert sich über das neue Aussehen.
Das neue Heft ist angekommen, ist ja quasi ein Buch. Bleiben die Schwarz/weiß-Bilder jetzt immer so? Das hat was von früher, wo es nur schwarz/weiß gab ;-)) - finde ich aber gar nicht schlecht.

Anm. d. Red.: Dass das neue Magazin so viele Fotos in schwarz/weiß hat, ist dem Preis geschuldet. Wir können einfach nicht mehr Seiten in Farbe machen, da jede Farbseite extra kostet. Dann müssten wir für das neue Heft mehr als 10 Euro verlangen ... Also suchen wir einige Fotos aus, bei denen es nicht so die Rolle spielt, ob sie schwarz/weiß oder farbig sind. Natürlich blutet auch mir das Herz, wenn ich farbige Fotos schwarz/weiß machen muss.

Desiree K. vom Zwillingselternstammtisch Südbaden freut sich über Hefte.
Vielen Dank für die Hefte. Sie kommen gerade zur rechten Zeit, denn ich werde zusammen mit einer lieben Freundin aus dem Stammtisch ab März einen Abend zum Thema „Der Alltag mit Zwillingen" veranstalten. Es gibt diesen Zwillingskurs an der Uniklinik schon lange und leider hält er nicht, was er verspricht, nämlich zu erfahren, wie das Leben mit plötzlich zweien zu meistern ist. Jetzt sind die Ärzte auf eben meine Freundin zugekommen, die mal in der Uniklinik gearbeitet hat.
Der erste Abend handelt von ... wie entstehen Zwillinge, Schwangerschaft usw.
Der zweite Abend kümmert sich um die Frühgeborenen und sonstige Ausnahmezustände. Nun arbeiten wir gerade an einer Powerpoint Präsentation und zu diesem Zweck wollte ich Hefte auslegen als Werbung für Sie. Aber eben auch das neue Magazin. Toll - perfektes Timing.

Wie „Zwillinge geht", das weiß Desiree K.. Ihre Zwillinge Maja (links) und Leni haben es ihr gezeigt.

SCHWANGERSCHAFT: Trotz Frühgeburt ist alles gut

Manchmal kommt es so, wie man denkt ...

Als Sarah erfuhr, dass sie schwanger mit Zwillingen war, wurde sie gleich ruhig gestellt: ein Arbeitsverbot. Trotzdem kamen Theo und Oskar fast sieben Wochen zu früh. Hatte sich Sarah zu wenig geschont? Nach der Geburt machte sie sich Vorwürfe. Grundlos - denn viele Zwillinge kommen zu früh.

Als wir im März 2015 erfuhren, dass wir Eltern von Zwillingen werden, freuten wir uns sehr. Entbindungstermin sollte der 30. Oktober sein.

Wir wohnten zu dem Zeitpunkt gut 300 Kilometer entfernt von unseren Familien in einer 3-Zimmer-Wohnung im dritten Stock ... ohne Aufzug. Als wäre es gestern gewesen, höre ich unsere Hebamme beim ersten Besuch in der 13. Schwangerschaftswoche (SSW) sagen: „Wie kann man denn so weit hoch ziehen, wenn man Zwillinge bekommt!?" Wenn man das nur vorher wüsste.

Gleich nach dem ersten Ultraschall bei der Gynäkologin in der 8. SSW wussten wir, dass ich gleich zwei Bauchbewohner in mir trug. Aufgrund fehlender Immunitäten gegen gewisse Kinderkrankheiten bekam ich ein Arbeitsverbot, denn ich arbeitete in einer Kinderkrippe. Und ich muss sagen, dass ich in den ersten Wochen auch kaum hätte arbeiten können. Meine zwei Bauchzwerge raubten mir sehr viel Energie und ich habe oft den halben Tag geschlafen.

Ich war immer eine sehr glückliche Schwangere und freute mich riesig über jeden Zentimeter, den mein Bauch an Umfang zulegte. Von Anfang an hatte ich jedoch auch versucht, bei aller Freude auch realistisch mit den Risiken einer Zwillingsschwangerschaft umzugehen. Auch meine Gynäkologin war immer sehr herzlich und korrekt und vor allem auch realistisch.

Für mich stand von Anfang an fest, dass ich gerne spontan entbinden möchte, wenn es möglich ist, und gleichzeitig war mir immer klar, dass die Wahrscheinlichkeit sehr groß ist, dass unsere Kinder per Kaiserschnitt auf die Welt kommen werden. Eine meiner größten Ängste von Anfang an war, dass die Zwerge zu früh schlüpfen würden. Oktober sollte es auf jeden Fall sein. Das sagten wir den beiden immer wieder. Ich stellte es mir ganz fürchterlich vor, wenn man seine Kinder nicht mit nach Hause nehmen kann und sie im Krankenhaus zurück lassen muss. Meine Schwägerin sagt gerne „Wie man denkt, so kommt es" und leider sollte sie Recht behalten.

Ohne Arbeit konnte ich die Schwangerschaft sehr genießen und lebte etwas in den Tag hinein. Vor jedem Vorsorgetermin stieg die Nervosität und Angst, dass etwas nicht stimmen könnte. Ich genoss es wahnsinnig, die beiden auf dem Ultraschall zu sehen und war immer heilfroh, wenn alles in Ordnung war.

Spannend war auch das große Rätseln um das Geschlecht der beiden. Ich war mir ja ganz sicher, dass es auf keinen Fall zwei Jungs werden. Ich dachte, es werden zwei Mädchen oder ein Pärchen, aber da war wohl der Wunsch Vater des Gedanken. Beim großen Ultraschall um die 20. Woche war klar, dass wir zwei Jungen bekommen sollten. Um ehrlich zu sein, brauchte ich ein paar Tage, um mich darüber freuen zu können. Wir hatten auch bisher nur einen möglichen Jungennamen gefunden, für Mädchen hätten wir jedoch zwei Namen gehabt. Heute denke ich oft, es ist genau gut so, wie es ist.

Langsam wird es beschwerlich mit dem großen Bauch. Jetzt sind es nur noch knapp acht Wochen bis zum Termin. Ob Sarah das schafft?

Im Juli verstarb dann leider mein Schwiegerpapa. Es war sehr traurig und natürlich machten wir uns auf den Weg zur Familie meines Mannes. Der stolze Opa hatte sich so auf unsere Kinder gefreut und überall mit breitem Lächeln im Gesicht erzählt, dass wir Zwillinge bekommen. Leider konnte er sie nicht mehr kennen lernen, aber ich tröste mich mit dem Gedanken, dass unsere Kinder einen besonderen Schutzengel im Himmel haben!

Ab diesem Zeitpunkt ging es mir in der Schwangerschaft leider immer schlechter. Blasenentzündung, zwei nächtliche Besuche im Krankenhaus, weil ich dachte, ich habe Wehen, Schwangerschaftsdiabetes, Kontaktblutungen nach einer Untersuchung bei der Gynäkologin und schließlich kam ich in der 29. Woche wegen starken Blutungen und Wehen ins Krankenhaus. Der Gebärmutterhals verkürzte sich auf 1,3 Zentimeter und es bildete sich ein leichter Trichter. Natürlich wurde ich stationär aufgenommen. Drei Nächte in Folge wurde ich trotz Wehenhemmer mit Wehentätigkeit in den Kreißsaal gebracht. Ich hatte so wahnsinnig Angst um unsere Jungs!!! Natürlich bekam ich auch gleich die Lungenreifespritze für die Kinder.

Nach etwa vier Tagen ging es mir endlich besser und die Wehen legten sich wieder. Die Schwestern auf der Station waren sehr nett und halfen mir auch bei den vielen Fragen rund um den Schwangerschaftsdiabetes. Das tägliche CTG stresste die Kinder sehr. Sie hielten kaum mehr ruhig und es war sehr schwierig, dauerhaft die Herztöne von beiden aufzuzeichnen. Die Bettruhe allerdings tat mir sehr gut. Mein Bauch wurde immer weicher und mir wurde dadurch erst bewusst, wie hart er zuvor immer gewesen war. Heute denke ich mir oft, dass vielleicht alles anders gekommen wäre, wenn ich mich mehr geschont hätte, aber wer weiß das schon.

Nach drei Wochen Krankenhausaufenthalt, einem Gespräch mit dem Chefarzt und einer abschließenden Untersuchung inklusi-

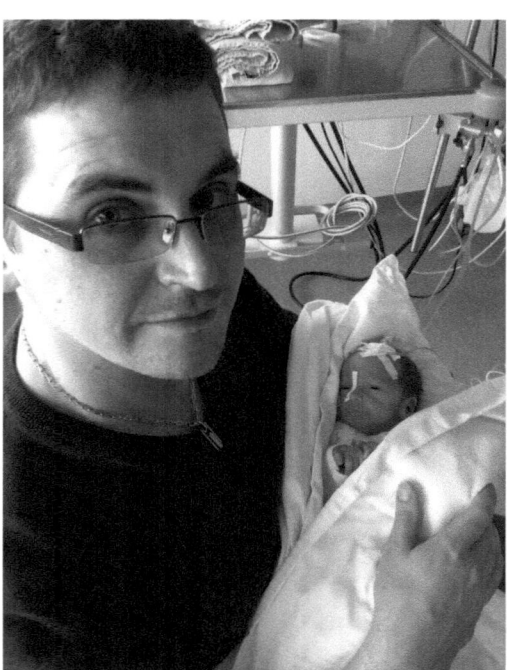
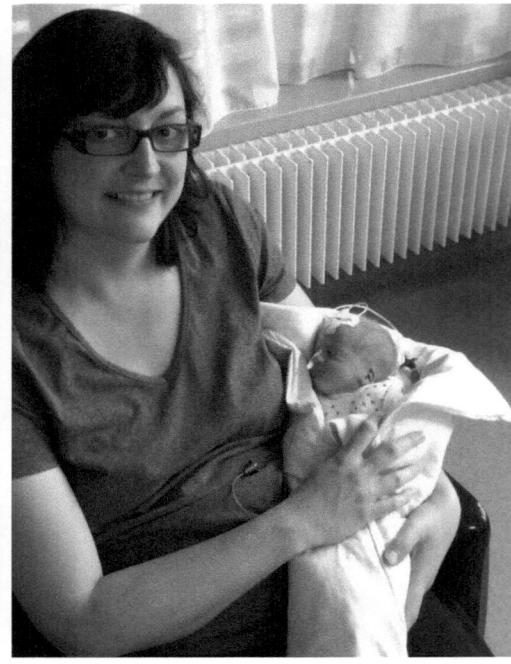

ve Frühgeburtstest durfte ich wieder nach Hause. Ich freute mich sehr und auch die Kinder waren zu Hause wieder viel entspannter. Außerdem wollte ich unbedingt das Kinderzimmer restlich herrichten und noch ein paar Dinge für die Ankunft unserer Wunschkinder erledigen. Allerdings war ich durch das viele Liegen das Gewicht meines großen Bauches nicht mehr gewohnt und ich wünschte mir oft jemanden, der bei mir läuft und den Bauch hält.

Plötzlich platzt die Fruchtblase.

Zwei Wochen waren wir zu Hause, als ich in der Nacht vom 8.9. auf den 9.9. aufwachte und wusste ... die Fruchtblase ist geplatzt. Und zwar so richtig. Eine gefühlte Ewigkeit saß ich auf der Toilette und das Fruchtwasser kam schwallweise nur so raus. Irgendwann traute ich mich ins Schlafzimmer zu schleichen und meinen Mann zu wecken. Er wollte nicht glauben, was ich ihm sagte. Auf eine ganz komische Weise war ich total erleichtert, dass es nun los geht und freute mich noch, dass der 9.9. ja ein schönes Geburtsdatum ist.

Da ich erst in der 33. Woche war, musste ich mit dem Krankenwagen ins Krankenhaus gebracht werden. Dort angekommen wurde ich natürlich untersucht und zu meinem Entsetzen wurde ich wieder an den Wehenhemmer angeschlossen (zu Hause nahm ich Tabletten) und mir wurde gesagt, dass die Zwerge noch bis 34+0 drin bleiben müssten. Für mich war diese Vorstellung schrecklich, denn ich spürte den Zwilling, dessen Blase geplatzt war, kaum noch, und das, obwohl er die ganze Schwangerschaft über der aktivere von beiden war.

Ich verbrachte den Rest der Nacht im Kreißsaal und als am Morgen der Chef- und Oberarzt zur Visite kamen, war ich sehr dankbar, als sie mir sagten, dass meine Bauchbewohner so groß und schwer seien, dass sie schlüpfen dürfen, wenn sie wollen. Der Wehenhemmer wurde sehr niedrig eingestellt und ich wurde auf ein Zimmer gebracht. Mein Gefühl sagte mir, dass die Geburt nicht bis 34+0 warten würde und ich sollte Recht behalten.

Als am Abend die Schwester kam, um die Thrombosespritzen zu verteilen, sagte ich ihr bereits, dass ich denke, dass ich Wehen habe. Wenig davon beeindruckt gab sie mir die Spritze und meinte, ich solle mich melden, wenn es schlimmer wird. Und das wurde es ziemlich schnell.

Zwischen 20 und 21 Uhr wurden die Wehen immer stärker und die Abstände verkürzten sich. Ich weiß es nicht mehr ganz genau, aber ich habe in dieser Zeit sicherlich dreimal nach den Schwestern geklingelt und darum gebeten, in den Kreißsaal gebracht zu werden. Passiert ist aber nichts. Ich hatte das Gefühl, dass sie mich nicht ernst nahmen.

Zwischenzeitlich hatte ich alle fünf Minuten Wehen, die ich veratmen musste. Als ich dann endlich gegen 21 Uhr in den Kreißsaal gebracht wurde, war der Muttermund bereits acht Zentimeter geöffnet und der Gebärmutterhals komplett weg.

Jetzt muss es schnell gehen ...

Die Hebamme nahm die Beine in die Hand und schlug Alarm. Mein Mann war gerade von seiner Arbeit nach Hause gekommen, als ich ihn anrief, dass es los geht und er war innerhalb kürzester Zeit bei mir. Aufgrund der Thrombosespritze durfte ich keine PDA bekommen. Insgeheim war ich froh darüber, denn ich hatte davor mehr Angst, als vor der Geburt. Lachgas sollte mir durch die immer stärker werdenden Wehen helfen. Im Nu war der Kreißsaal voll mit Ärzten, Schwestern und Hebammen. Am 10.9.2015 (SSW 32+6) um 1:12 Uhr erblickte dann unser Sohn Oskar mit 48 Zentimeter und 1.980

Gramm das Licht der Welt. Ein Kinderarzt hielt ihn im Hinauseilen hoch und sagte „Hier ist Ihr Sohn!" Weg war er. Ohne dass wir ihn überhaupt richtig gesehen hatten.

Und weg waren auch die Wehen. Mein Bauch wurde bearbeitet, denn Zwerg Nummer zwei musste ja auch noch raus. Theo wurde schließlich um 1:25 Uhr mit 47 Zentimeter und 2.040 Gramm geboren. Auch er wurde natürlich sofort weggebracht, um von den Kinderärzten untersucht zu werden. Mein Mann durfte bei ihm mitgehen und machte die ersten Fotos, während ich versorgt wurde. Kurz darauf kam eine Hebamme mit unserem kleinen Theo und wir durften ihn ganz kurz im Arm halten und ihn begrüßen. Aber natürlich musste auch er auf die Intensivstation gebracht werden.

Da waren wir nun, mein Mann und ich, frisch gebackene Eltern, und hatten kein Kind bei uns. Das zu schreiben, treibt mir heute noch einen dicken Kloß in den Hals. Nachdem ich also genäht wurde und sich die Hebamme versichert hat, dass mit meinem Blutzucker alles in Ordnung war, durfte mich mein Mann gegen 4 Uhr im Rollstuhl auf die Intensivstation bringen, dass wir unsere Kinder begrüßen konnten. Zwischenzeitlich war schon ein Kinderarzt bei uns, um uns zu sagen, dass es beiden Kindern soweit gut geht, Oskar allerdings eine Atemhilfe braucht und im Brutkasten liegt. Ich wusste schon nicht mehr richtig, was er gesagt hatte, als er zur Tür draußen war.

Die Schwestern auf der Intensivstation wunderten sich etwas, mich dort zu sehen, und meinten, dass das sehr selten vorkommt. Aber ich musste meine Kinder unbedingt sehen. Theo hatte einen Strampler an und lag im Wärmebettchen. Oskar lag in einer Windel im Brutkasten. Als wir mittags wiederkamen, hatte sich Oskar von den Strapazen erholt und lag bei seinem Bruder im Wärmebettchen, ohne Atemhilfe. Natürlich mussten die beiden über Magensonde ernährt werden. Oskar musste abends für 24 Stunden unter das UV-Licht wegen Gelbsucht. Sein Anblick mit dieser Maske zum Schutz der Augen brach mir das Herz. Mein Kopf wusste, dass es ihm nichts ausmachte und es ihm gut ging, aber der Anblick erschütterte mich einfach.

Mir selbst ging es nicht besonders gut. Immer wenn ich aufstand, bekam ich ganz schwer Luft, weshalb ich eine Woche im Krankenhaus blieb. Schlimm fand ich das nicht, denn so war ich wenigstens ganz nah bei meinen kleinen Kämpfern. Ich war wirklich froh, dass es den beiden so gut ging, und doch war es komisch. Ich vermisste es, die beiden im Bauch zu haben. Ich hatte das Gefühl, dass mir die sieben Wochen Schwangerschaft fehlten. Ich hatte wirklich lange „Probleme", mich als Mama zu fühlen (und bin mir sicher, dass es daran lag, dass wir die Kinder nach der Geburt nicht bei uns haben konnten), während mein Mann von der ersten Minute stolz bis in die Haarspitzen war.

Und ich hatte immer mehr das Gefühl, dass bei der Geburt von Oskar irgendwas nicht gestimmt hatte. Mein Mann konnte mir die Frage nicht beantworten und doch hatte ich das Gefühl, unterbewusst etwas mitbekommen zu haben. Als ich nach der Entlassung den Bericht für meine Gynäkologin las, wusste ich auch, dass mich mein Gefühl nicht täuschte, denn da stand „pathologisches CTG". Google half mir natürlich schnell auf die Sprünge. Oskar war gestresst durch die Geburt und die Herztöne fielen ab. Klar, dass er dann so schnell weggebracht wurde.

Eine Woche verging nach meiner Entlassung und wir funktionierten einfach nur. Wir versuchten, so viel Zeit wie möglich bei den Kindern zu verbringen und stellten oft spät abends fest, dass wir weder etwas gegessen hatten, noch im Kühlschrank etwas Essbares zu finden war.

Ganz frisch geschlüpft - der kleine Oskar. Er muss noch ein bisschen „nachbebrütet" werden und liegt deshalb erst einmal im Brutkasten.

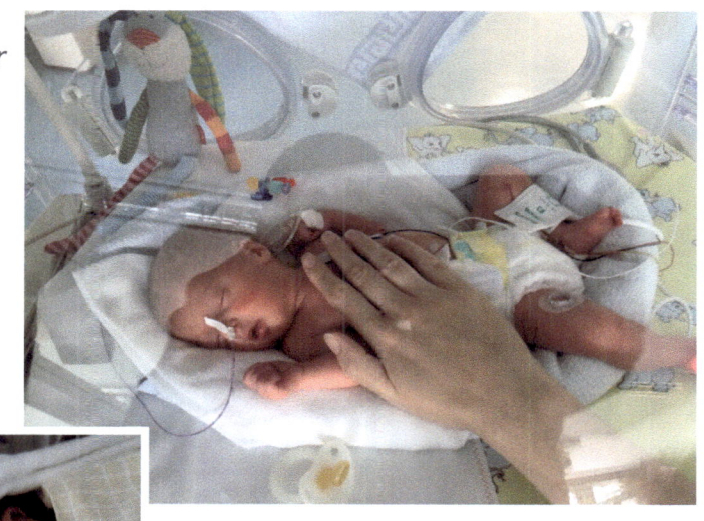

Auch Theo (hier links) braucht erst noch ein bisschen Wärme. Frühgeborene können die eigene Körpertemperatur meist noch nicht so gut regeln. Deshalb sind sie im warmen Inkubator und dann im Wärmebettchen gut aufgehoben.

Eiei - Oskar und Theo, vier Wochen alt, sind endlich zu Hause. Und wie man sieht - sie fühlen sich wohl.

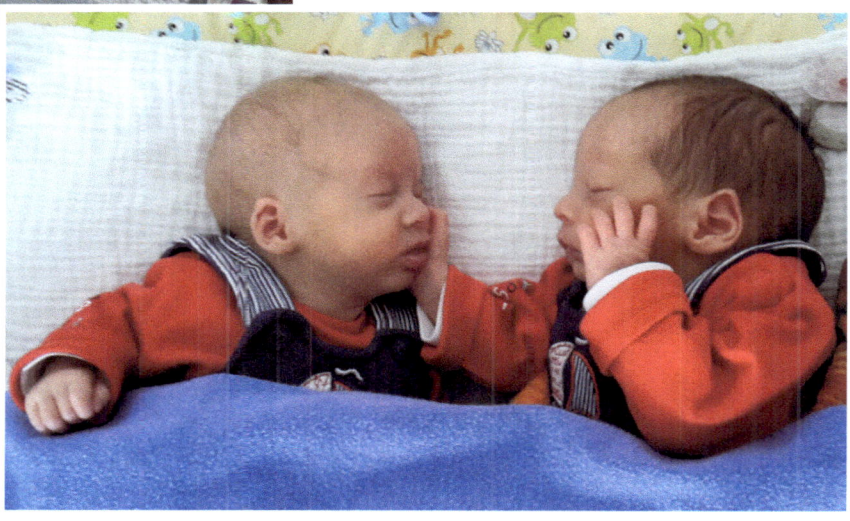

Genau eine Woche nach meiner Entlassung bekam ich plötzlich komische Schmerzen im Unterleib. Recht schnell war klar, dass wir ins Krankenhaus fahren müssen. Und das war gut so, denn ich hatte eine Gebärmutterentzündung und wurde wieder stationär aufgenommen. Ich hatte Glück, dass der diensthabende Arzt unbedingt wollte, dass ich weiter stillen, beziehungsweise abpumpen konnte. Er setzte sich mit den Kinderätzen der Intensivstation in Verbindung, um mit ihnen zu klären, welche Medikamente ich bekommen dürfte, ohne die Kinder zu gefährden. Dafür bin ich sehr dankbar.

Eine Woche später, die Kinder waren drei Wochen alt, durften wir endlich alle nach Hause. Oskar wog bei der Entlassung 2.330 und Theo wog 2.220 Gramm. Wir waren wirklich froh, endlich unser Glück zu Hause zu haben und selbst verantwortlich zu sein und bestimmen zu können. Wir sind den Schwestern und Ärzten auf der Intensivstation wirklich zutiefst dankbar für die gute Versorgung der Kinder und doch muss ich sagen, dass es vor allem für mich oft sehr schwierig war, nicht selbst entscheiden zu dürfen, was wie gemacht wird. Ich bin doch schließlich die Mama! Dazu kam, dass jede Schwester ihre eigene Ansicht von gut und richtig hatte, was frisch gebackene Eltern natürlich total verunsichert.

Wir kamen recht gut zurecht und genossen es sehr, dass mein Mann drei Monate Elternzeit nehmen konnte. Doch mein Herz wurde schwerer und schwerer, denn ich begann, die Ereignisse zu verarbeiten. Und gleichzeitig wuchsen in mir auch das schlechte Gewissen und unheimlich große Schuldgefühle. Ich hätte unseren Kindern wirklich einen leichteren Start ins Leben gewünscht. Ich machte mir schreckliche Vorwürfe, dass ich es nicht geschafft hatte, sie länger auszutragen. Der Kopf wusste,

Der schwere Anfang vergessen: Oskar & Theo, 16 Monate alt.

dass ich mir nichts vorzuwerfen hatte, aber das Herz wusste es nicht. Ich hatte den Eindruck, dass alle anderen Zwillingsmamas ihre Kinder länger ausgetragen hatten. Nur ich hatte es nicht geschafft. So empfand ich es. Und natürlich waren auf der Intensivstation ein paar Zwillinge und auch Einlinge, die viel kleiner und leichter auf die Welt kamen. Aber mein Herz war so schwer und die Schuldgefühle so wahnsinnig groß! Es hat wirklich sehr lange gebraucht, viele Gespräche mit meiner lieben Freundin (ich danke Dir von Herzen, liebe Anni!) waren nötig, um es ein bisschen akzeptieren zu können, dass dies nun unsere Geschichte ist und zu unserem Leben gehört.

Geholfen hat letztendlich nur die Zeit und zu sehen, wie toll sich die zwei entwickeln und mittlerweile große Burschen sind, die mich gut auf Trab halten. Von den Frühchen ist heute mit 16 Monaten nichts mehr zu sehen! Und doch macht es mich manchmal immer noch traurig, die Bilder von ihrem schweren Start ins Leben zu sehen. (Sarah B.)

MITMACHEN: So können Sie sich am Magazin beteiligen

ZWILLINGE das Magazin - Die Mitmach-Zeitschrift für Zwillings- & Drillingseltern

So können Sie sich mit Beiträgen an ZWILLINGE das Magazin beteiligen: In fast 30 Jahren haben wir immer wieder festgestellt, dass die wahren Experten für Zwillings- und Drillingsthemen die Eltern sind. Viele Eltern haben darüber hinaus eine Qualifikation, die sie dazu prädestiniert, ihre Alltagserfahrungen mit anderen zu teilen. Sie sind selbst Erzieher, Lehrer oder Ärzte ... Erzieherinnen, Lehrerinnen oder Ärztinnen. Aber auch, wenn Sie ganz einfach „nur" Zwillings- und Drillingseltern sind - Ihre Erfahrungen, die Sie machen, sind von so unschätzbarem Wert für andere, für neue und werdende Eltern, dass sie unbedingt zu Papier gebracht werden sollten. Deshalb scheuen Sie sich nicht uns zu schreiben und einen Beitrag zu irgendeiner Situation aus Ihren Leben mit mehreren gleichaltrigen Kindern zu schicken. Ihre Erfahrungen und vor allem Ihre Tipps und guten Ideen sind gefragt.
Und so geht's: Sie schreiben - wie Ihnen der „Schnabel gewachsen" ist. Dies hier ist kein Aufsatzwettbewerb. Unsere Redaktion bearbeitet Ihren Beitrag, macht die Überschrift dazu, das Layout und formuliert die Bildunterschriften und die Zwischenüberschriften.
Ihr Beitrag sollte im Format .doc oder .docx, in „word" oder einem anderen, gängigen Schreibprogramm bei uns ankommen. Gern aber auch einfach direkt in der E-mail formuliert. Sie können Ihre Beiträge per E-mail senden an info@twins.de.
Wir nehmen aber nachwievor auch handschriftliche Beiträge, die ganz einfach per Post kommen. Unsere Adresse: ZWILLINGE, Postfach 40 11 11, D-86890 Landsberg. Schicken Sie uns auch Ihre Fotos mit. Am besten sind ganz normale Familienfotos, wie man sie mit jeder Digicam oder einem Handy machen kann. Um die entsprechend hohe Auflösung und die Druckfähigkeit kümmert sich unsere Redaktion. Und wenn Sie uns einen großen Gefallen tun wollen: benennen Sie Ihre Fotos mit denjenigen, die darauf zu sehen sind - also zum Beispiel MaxConnySpielplatz.jpg.

Wir belohnen es, wenn Sie uns einen Beitrag schicken:
Suchen Sie sich ein Buch aus

Und was bekommen Sie für Ihren Beitrag? In erster Linie natürlich helfen Sie anderen Zwillingseltern, die vielleicht noch ganz am Anfang stehen, mit ihren wertvollen Erfahrungen. Zweitens macht es auch einfach Spaß, über die eigene Familie zu schreiben und die eigenen Zwillinge in unserer kleinen Zeitschrift zu sehen.
Allerdings veröffentlichen wir Ihren Beitrag in der neuer Machart unserer Zeitschrift nicht mehr unter vollem Namen, es sei denn, Sie wünschen das ausdrücklich. Der Hintergrund dafür ist, dass das neue ZWILLINGE - DAS MAGAZIN dadurch, dass es auch über online-Portale verkauft wird, einem größeren Leserkreis angeboten wird. Natürlich werden sich am ehesten betroffene Zwillings- und Drillingseltern für ZWILLINGE interessieren. Dennoch möchten wir jeglichem Missbrauch vorbeugen.
Übrigens: Wer einen Beitrag für unser Magazin schreibt, erhält ein Exemplar des betreffenden Magazins gratis (zur Erinnerung) oder kann sich ein Buch aus unserem Programm aussuchen.

Dann kann's ja losgehen ... wir freuen uns und sind gespannt.

ENTDECKUNG: So erfahren Eltern, dass Zwillinge kommen

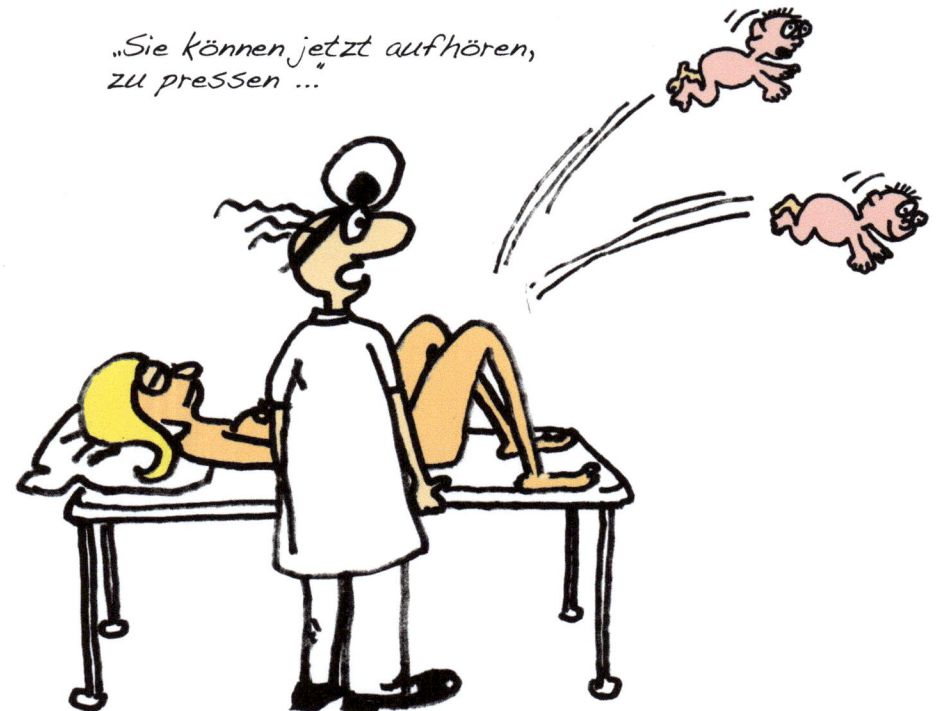

Uups?! Zwillinge? Wie ich es erfahren habe ...

Es gibt Dinge im Leben, die vergisst man nie. Da weiß man ganz genau, wo man war, wie die Stimmung war und was man als erstes gedacht oder getan hat. Eine solche Situation tritt ein, wenn Sie erfahren, dass Sie Zwillingsmutter, Zwillingsvater, Zwillingseltern werden. Und an was erinnern Sie sich?

Ich wäre fast vom gynäkologischen Stuhl gefallen vor Lachen, als mein Arzt beim dritten! Ultraschall sagte: „Hier ist einer und hier ist noch einer ..."
„Wenn Sie das nächste Mal drei sehen, komme ich nicht mehr", sagte ich, immer noch von Lachsalven geschüttelt. Die Babys konnte man ganz deutlich sehen - wie kleine Babypuppen: einen oben, einen unten - beide quer.

Fortan hießen sie der Obere und der Untere.
Reaktion meines Mannes am Telefon: Schweigen. Er war absolut sprachlos.
Dass es nicht nur lustig werden könnte, wurde mir bis zum Abend auch klar. Dann war ich erstmal in Tränen aufgelöst. Zwillinge? Die ganze Lebensplanung steht auf dem Kopf. Heute werden meine Zwillinge am 9.4. schon 33 Jahre

alt. Aber niemals vergesse ich, wie ich von meinem doppelten Glück erfahren habe. Noch aufregender war die Nachricht für meinen eigenen Vater vor fast 50 Jahren, als er erfuhr, dass er Zwillingsvater wurde: Er und seine Frau wurden buchstäblich im Kreißsaal vom doppelten Glück überrascht. Bei meinen Halbschwestern wurde erst bei der Geburt entdeckt, dass sie zu zweit waren ...

Und wie geht es anderen? Hier eine kleine Auswahl an Geschichten.

Also, dass war schon ein Ding! Jetzt bin ich tatsächlich die Tochter meiner Mutter: sie hatte Zwillingsjungs und jetzt bin ich auch Mutter von zwei Zwillingsjungen. (Monika T.)

Wir haben es beim ersten Ultraschall erfahren. Ich sagte: „Ich hab's Dir doch gesagt!" Und mein Mann starrte nur ungläubig auf den Bildschirm und sagte kein Wort. Er hat sich mindestens fünf Minuten lang überhaupt nicht mehr bewegt - nicht einen Muskel. (Agnes M.)

Gut, dass mein Mann dabei war. Wir dachten erst, der Arzt, der den Ultraschall durchführte, macht einen Witz. Aber, als es dann Gewissheit wurde, dass wir Zwillingseltern werden, musste mein Mann mich förmlich aus dem Untersuchungszimmer tragen. Ich war echt fertig. (Melanie W.)

Ich heulte gleich los, als ich auf dem Ultraschallbild zwei Fruchtblasen sah. Da mussten sie mir gar nichts erst erzählen - ich wusste: das sind Zwillinge. Ich war vor allem erstaunt, denn eigentlich sollte ich weder schwanger werden und schon gar nicht mit Zwillingen, denn ich hatte eine Zyste in der Gebärmutter. Ich war besorgt und gleichzeitig empfand ich es als besonderes Wunder. (Brigitte D.)

Kompletter Schock! Ich war bereits im fünften Monat, als herauskam, dass wir Zwillinge bekommen. Es war mein erster Ultraschall und wir konnten es nicht fassen! (Elisabeth H.)

Mein Mann sagte zum Arzt: „Wir wollten doch nur eines!", so als ob man das rückgängig machen könnte. Jetzt haben wir zwei und wir sind begeistert und lieben sie. (Alina D.)

Ach, Du Scheiße! sagte ich und der Arzt meinte, es sei ganz normal, dass ich unter Schock stehe ... dann fragte er nach, ob es in meiner Familie Zwillinge gäbe ... Es dauerte nicht lange, da lachten meine Mutter, die dabei war, und ich um die Wette. Zwillinge? Na sowas! (Daniela W.)

Wir waren zu dritt beim Ultraschall: mein Mann und meine beste Freundin waren auch dabei. Als die Ärztin uns die Zwillinge auf dem Ultraschall zeigte, fiel mein Mann beinahe in Ohnmacht, meine beste Freundin kriegte sich vor Lachen nicht mehr ein und ich heulte. Jedenfalls waren unsere Reaktionen schon bemerkenswert. Wir erinnern uns heute noch gern daran. (Karin G.)

Erst machte ich der untersuchenden Ärztin Vorwürfe, sie solle doch noch mal richtig schauen. Dann - als ich begriffen hatte, dass ich wirklich Zwillinge bekomme, fing ich an zu weinen. Ich weinte noch auf dem Nachhauseweg. (Christine V.)

Ehrlich gesagt, war ich erstmal sauer. Bei meiner ersten Schwangerschaft hatte ich auf Zwillinge gehofft, aber nur ein Kind bekommen. Jetzt sollte ich zwei bekommen und war überhaupt nicht darauf eingestellt. Doch meine Ärztin, die sich darüber wunderte, sagte ganz trocken: „Ich hab' Ihnen doch gesagt, dass es diesmal zwei werden können." Wir haben unsere Zwillinge nach einer Kinderwunschbehandlung bekommen. (Laura W.)

Nur zwölf Stunden nach ihrer Geburt, erfuhren wir, dass wir Zwillingsjungs adoptieren würden. Wir waren sehr nervös und natürlich auch ein bisschen geschockt. Aber nach unserer anfänglichen Ungläubigkeit, waren wir auch sehr aufgeregt und freuten uns. (Hannelore H.)

Ich sagte zu meiner Ärztin: „Aber, da sind doch zwei! Das sind Zwillinge!" Sie schwieg erst und meinte dann, „Ja, einen Moment, ich muss nochmal genau schauen, ob ich zwei Herzschläge sehe ..." Als es dann wirklich feststand, musste ich weinen, denn ich wusste, dass ich sie allein aufziehen müsste. Der Vater meiner Zwillinge hatte mich gerade verlassen. (Christina B.)

Die Ärztin hörte nicht auf, mir so komische Fragen zu stellen. Zum Beispiel, ob wir bei einer Kinderwunschklinik gewesen wären ... wie oft ich vorher schon schwanger gewesen wäre ... dann bat mich die Ärztin, die Blase zu leeren, damit sie sicher sein konnte, dass das, was sie sähe, auch wirklich das wäre, was sie sähe ... Sehr komisch.
Ich fing an, mir Sorgen zu machen und fragte: „Ist alles in Ordnung?" Nach einer weiteren Minute, die mir wie ein Jahr vorkam, drehte die Ärztin den Bildschirm zu mir und sagte: „Hier ist ein Baby und hier ..." Was??? Was heißt „ein" Baby?
„Und hier ist das andere", fuhr die Ärztin fort und weiter: „Sie bekommen Zwillinge!" Das hatte sie aber spannend gemacht.
Ich hatte schon zwei Kinder, unser Sohn war damals erst 17 Monate alt. Das konnte ja lustig werden. Ich war also erst einmal geschockt. Und mein Mann auch, als ich ihm die „freudige Botschaft" überbrachte. Er sagte erst einmal für zehn Minuten gar nichts.
Heute sind unsere eineiigen Zwillingsmädchen schon fast zwei Jahre alt. Und manchmal befinde ich mich immer noch in einer Art Schockzustand ... ;-)) (Theresa T.)

Noch mehr Geschichten ...

ISBN 978-3-927058-00-2

16,99€

PRAKTISCHE PRODUKTE: Cool Twister für Fläschchen

Coole Idee für warme Baby-Fläschchen

Gerade bei Zwillingen und Drillingen muss es schnell gehen. Da kommt diese Erfindung gerade recht: der sogenannte Cool Twister, der es möglich macht, trinkfertige Fläschchen im Nu zu produzieren. Wie? Die Sache funktioniert mit Wärmeaustausch und macht heißes Wasser trinkfertig.

Und so geht's:
1. Öffnen Sie die runde Dichtschraube (auf der Unterseite des Standfußes befindet sich ein Schraubendreher) und füllen Sie den Cool Twister mit der gewünschten Wassermenge. Verwenden Sie hierzu kaltes Leitungswasser. Dichtschraube anschließend wieder einsetzen und festschrauben.
2. Vor dem ersten Gebrauch sollte der Kühler mindestens eine Stunde im Kühlschrank lagern, um abzukühlen (5 -10 °C). Später zwischen den Anwendungen sollte er stets im Kühlschrank gelagert werden.
3. Befüllen Sie den Cool Twister Messbecher bis zum Ansatz des gerifelten umlaufenden Randes mit kochendem Wasser (= 210 ml).
4. Schrauben Sie den Kühler auf dem Messbecher fest.
5. Stellen Sie die Babyflasche bereit.
6. Drehen Sie den Cool Twister um 180° und setzen Sie ihn auf die Babyflasche. Das heiße Wasser läuft automatisch durch den Cool Twister und wird dabei gekühlt.

Wichtig: die gesamte Menge Wasser muss durch den Kühler laufen, auch wenn weniger Wasser benötigt wird. Dies ist notwendig, um die temperaturgenaue Funktion des Wärmeaustauschers zu ermöglichen.

Anschließend soll der Cool Twister (aus hygienischen Gründen mit Standfuß und Deckel) wieder in den Kühlschrank gestellt werden. Nach einer Anwendung benötigt der Cool Twister circa zwei Stunden, um wieder auf die notwendige Ausgangstemperatur abzukühlen.

Keine Hexerei - nur ein gut durchdachtes System, um abgekochtes Wasser schnell auf Trinktemperatur zu bringen.

SCHNELLE TIPPS: praktische Ideen von Eltern für Eltern

Schnelle Tipps - gute Ideen

Zwillings- und Drillingseltern müssen vor allem praktisch denken. Deshalb haben sie Tipps und Ideen auf Lager, die wirklich hilfreich sind. Haben Sie auch einen Vorschlag, der auf diese Seite passt? Her damit!
Unsere E-mail: info@twins.de

Zwillingsmutter Tina B. möchte sich ungern von Erinnerungen trennen. Als Wladimir (links) und Sergej in die Schule gekommen sind, gab es ja diese schönen Schultüten. Wegwerfen? Aufheben? Aber wie? Hier Tinas Idee (siehe Seite 20).

Wohin mit den mühsam gebastelten Schultüten, wenn die Kinderzimmer nicht so groß sind? fragte ich mich. Dann hatte ich *die* Idee: Ich habe die Figuren einfach abgenommen oder ausgeschnitten und auf einem Papp-Bilderrahmen neu gestaltet. So nehmen sie im Kinderzimmer keinen Platz weg und sind als schöne Erinnerung an den wichtigen Tag immer präsent.

Alles, was Zeit spart, ist jeden Cent wert: Avent Dampfgarer mit Mixer

Svenja F. wollte den Brei für ihre Zwillinge Erik und Lennart selbst kochen. Dafür hat sich die Zwillingsmutter ein Helferlein angeschafft: einen Breikocher von Philipps Avent, der ist Dampfgarer und Mixer in einem.

Als bei uns die Breizeit losging, war es mir wichtig, überwiegend selbst zu kochen. Möglichst frisch. Klar, große Mengen habe ich auch im Kochtopf verarbeitet und eingefroren, aber unter normalen Umständen habe ich täglich verschiedene altersgerechte Breie mit dem Dampfgarer von Philipps Avent gekocht.

Das Gefäß wird mit den Zutaten befüllt und anschließend wird alles gegart. Es ist in der Anleitung gut aufgeführt, welches Lebensmittel wie lange gegart werden sollte. Ein Piepen kündigt dann das Ende der Garzeit an.

Dann wird das Gefäß einfach nur umgedreht und es kann püriert werden. Ich habe immer die Menge für zwei Portionen herausbekommen. Zeitaufwand: fünf Minuten Vorbereitung für das Schälen und Schneiden und je nach Zutat maximal 20 Minuten Garzeit. Während der Garzeit habe ich natürlich andere Dinge erledigt. Eine prima Zeitersparnis für Zwillingsmütter, da man nicht neben dem Topf stehen und Rühren muss.

Ihre praktischen Tipps sind gesucht!

Haben Sie auch eine Idee, wie Sie und andere sich das Leben mit mehreren Kindern erleichtern können? Her damit!

info@twins.de

SCHNULLER: Internetseite www.weg-vom-schnuller.de

Wie werden wir bloß den Schnuller los?

Es gibt Babys, die nehmen den Schnuller, andere bevorzugen den Daumen. Erstere müssen dem geliebten Schnuller irgendwann Ade sagen und dafür gibt es gute Ideen. Letztere, die sich „selbst bedienen", sind unter Umständen noch schwieriger zu entwöhnen. Ich habe im Internet eine interessante Seite zum Thema „Schnuller weg" gefunden.

Für viele Babys ist der Schnuller eine Art Stöpsel, der sie dazu bewegt, mit dem Schreien aufzuhören. Da sind Zwillinge und Drillinge keine Ausnahme.

Doch das viele „Schnullern" ist nicht gut für die Entwicklung des Kiefers, der dadurch verformt werden könnte. Wie kann man Babys dann wieder dazu bewegen, mit dem Schnuller aufzuhören? Ich bin im Internet auf eine interessante Seite zum Thema gestoßen: www.weg-vom-schnuller.de.

Warum ist das Schnullern so schön?

Das steht auf dieser Seite: „Der Saugreflex ist bei jedem Menschen angeboren. Er dient dem Zweck, dass das Baby die Milch aus der Mutterbrust saugt und so zu Nahrung kommt."

Bereits im Mutterleib nuckeln Babys am Daumen - das beweisen manche Ultraschallbilder.

Das Nuckeln hat aber nicht nur mit der Nahrungsaufnahme zu tun. Die Internetseite verrät: „Es wirkt entspannend und beruhigend. Besonders in Momenten, in denen das Baby aufgeregt ist, kann man ein schnelleres Nuckeln beobachten. Hierdurch kann das Baby die überschüssige Energie besser abbauen und beruhigt sich wieder schnell."

Wann muss Schluss mit dem Schnuller sein?

Wenn der Schnuller richtig benutzt wird (über die richtige Größe, Form und Hygiene des Schnullers steht eine Menge auf der Seite), dann wird er wohl keinen Schaden anrichten. Doch spätestens, wenn die Zwillinge zwei Jahre alt werden, sollte über eine Art Abschiedszeremonie nachgedacht werden.

Auch dazu gibt es auf der Seite eine Menge Anregungen.

Wie werden wir den Schnuller los?

- Manche Eltern machen ein grosses Tamtam um den Abschied vom Schnuller. Der Sinn des Ganzen: Ablenkung vom tatsächlichen Schnullerverlust. Die ganze Familie wird in diese Abschiedszeremonie, die sich über mehrere Wochen zieht, einbezogen. Der Phantasie, wie der Schnuller entsorgt werden sollte, sind keine Grenzen gesetzt. Mehr dazu unter www.weg-vom-schnuller.de

- Eine andere und sehr beliebte Möglichkeit, sich vom Schnuller zu trennen, ist die „Schnullerfee". Auch

*Es geht doch nichts über einen sauberen Schnuller. Theo (links) und Paul waschen ihre Schnuller.
Die Seite empfiehlt allerdings etwas anderes: „Halten Sie den Schnuller stets sauber. Sterilisieren Sie ihn wie den Nuckel einer Flasche. Kontrollieren Sie die Schnuller regelmäßig auf Risse, Brüche oder Löcher. Hier können sich Keime festsetzen. Tauschen Sie daher die Schnuller regelmäßig aus, nicht nur wenn Schäden zu erkennen sind ..."*

diese Entwöhnung kann sich über mehrere Wochen hinziehen. Denn man sollte im Vorfeld immer von der Fee sprechen, so dass es den Kindern ganz natürlich vorkommt, wenn der Schnuller plötzlich weg ist. Abgeholt von der Schnullerfee.

- Manche Schnullerfeen bringen auch Geschenke. Auch da sind der Phantasie keine Grenzen gesetzt, allerdings sollte der gesunde Elternverstand Grenzen setzen ... und nicht zu überkandidelt schenken.

- Der Schnuller wird einem kleineren Baby geschenkt und mit einer Abschiedsparty verabschiedet (schön in Geschenkpapier eingepackt etc.)

Auch dazu kann man hier etwas im Internet finden.

- Kleinere Kinder (unter 1,5 Jahren) kann man entwöhnen, in dem man die Schnullerzeit immer mehr reduziert.

- Den Tipp, die Schnullerentwöhnung anlässlich einer Reise durchzuführen, finde ich persönlich nicht so gut. Denn Reisen vermitteln so viel neue Eindrücke, da kann es sein, dass sich die Zwillinge erst recht an ihren „Schnulli" klammern.

Aber, schauen Sie einfach mal auf die Seite - vielleicht ist etwas für die Schnullerentwöhnung Ihrer Kinder dabei?

LERNBESTECK: Hilft ein Besteck bei Essproblemen?

Esslernbesteck hilft bei Ess-Problem

Nicht selten entwickeln Frühgeborene beim Essen Probleme, wenn die feste Nahrung eingeführt werden soll. Dass macht zusätzliche Sorgen, denn meist sind die kleinen Essensverweigerer besonders zart und sollten eigentlich zulegen. Sophie freut sich über ein Esslernbesteck, das ihre Zwillinge testen durften. Ob es hilft?

Wir sind Familie M., bestehend aus Vater, Mutter, einem siebenjährigen Sohn und einjährigen Zwillingsmädchen.
Meine eineiigen Zwillingsmädels sind Mitte Oktober nun endlich ein Jahr alt geworden und wir haben also das erste Jahr „überlebt".

Essprobleme bei unserer „Kleinen"

Doch möchte die kleinere der Zwillingsmädels von Anfang an nicht so recht essen. Zu Beginn gab es Muttermilch, die sie bis heute noch bekommt. Dann haben wir den ersten Brei eingeführt. Die Einführung der festen Kost hat gute drei Monate gedauert - bis sie zumindest 120 Gramm gegessen hat. Doch gerade der stückige Brei war so gar nicht ihr Ding.
Bis zum ersten Geburtstag, seitdem isst sie Brei auch, wenn er nicht so fein püriert ist. Jedoch sind 150 Gramm immer noch viel für sie.
Nach vielen Arztterminen und Ernährungsberatungen und sämtlichen durchgeführten Tipps und Tricks, die alle keinen richtigen Erfolg zeigten, will sie weiterhin nicht richtig essen. Nun ist selbst die Ernährungsberatung ratlos.
Aber, vielleicht haben wir ja Glück und gewinnen das Esslernbesteck, dass Ihr in ZWILLINGE zur Verlosung angeboten habt? Mit dem neuen innovativen Esslernbesteck hätten wir vielleicht die Möglichkeit, dass sie endlich Spaß am Essen findet und es ihrer Zwillingsschwester nach macht und eine gute Esserin wird und endlich auch mal ein paar Gramm zunimmt und unsere Nerven sich etwas erholen dürfen.
Wir würden uns sehr freuen, wenn wir als Familie ausgewählt werden, um dieses Besteck-Set testen zu dürfen.

Wir lernen endlich essen ...

Erst einmal ein herzliches Dankeschön, dass wir die Besteck-Sets testen dürfen.
Nachdem wir das Esslernbesteck, welches aus einem gebogenen Löffel und einem Schieber besteht, im Briefkasten hatten, wurde es zuerst ausgepackt und im Geschirrspüler gereinigt. Dann übergaben wir unseren Mädchen jeweils ein Besteck-Set. Toll, dass der Hersteller berücksichtigt hat, dass beide Zwillinge so ein Besteck haben möchten.
Dass Esslernbesteck passt super in kleine Kinderhände und ist auch nicht zu schwer. Aber anstatt Essen darauf zu befördern, war es ein willkommenes Spielzeug, welches man erst einmal gründlich im Mund testen muss. Dabei war der Brei völlig uninteressant. Doch nach und

nach gab es doch immer mal die Versuche, den Löffel in die Breischüssel zu tun und anschließend in den Mund zu befördern, was von Mal zu Mal besser funktioniert.
Aber wie sagt man immer so schön: „Es ist noch kein Meister vom Himmel gefallen."
In diesem Sinne üben wir weiter, bis es richtig klappt ...

(Sophie M. mit Mathilda und Elisabeth)

Das Esslernbesteck wurde von einer Mehrfachmutter erfunden. Info unter www.benjamins-products.com

Elisabeth (rechts) findet es spannend, dass sie den Brei jetzt alleine essen kann. So hat sie doch gleich mehr Appetit.

Mathilda (links) löffelt tapfer mit dem Spezial-löffel aus dem Kinderbesteck-Set, das wir verlosen durften.

BESCHÄFTIGUNG: Das macht Zwillingen Spaß

Wir basteln Girlanden mit „Fädelblumen"

Zwillingsmutter Katrin O. hat sich eine „Pampersbande" ins Haus geholt bzw. ins Schloss Reimlingen, wo die Betreuung stattfindet. Weil die eigenen Zwillinge Felix und Malte weniger Betreuung brauchen, betreut Katrin andere Kinder, und mit denen wird auch gebastelt. Diesmal Fädelblumen.

Jako-o Fädelblumen sind meiner Erfahrung nach für jede Altersstufe eine beliebte Beschäftigung. Nicht nur meine kleine „Pampersbande" fädelt begeistert, auch meine Zwillinge Felix und Malte haben noch Spaß daran, Blumen aus Filz mit Perlen aufzufädeln und so dekorative Blumengirlanden für zu Hause herzustellen (siehe Fotos Seite 27).

In den Bastelsets ist alles drin

Die Bastelsets gibt es bei Jako-o. Diese Sets für Kinder zum Basteln liebe ich wirklich. Da ist nämlich immer alles da-

Auch kleine Kinder haben Spaß beim Basteln. Katrin betreut Magdalena (oben), Johanna und Emily. Und die drei kleinen Mädchen sind ganz konzentriert bei der Arbeit.

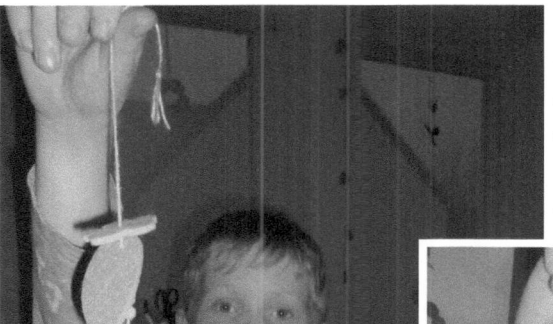

Girladen aus Fädelblumen und Perlen dazwischen machen auch den großen Jungs von Katrin O. noch Spaß. Links oben zeigt Malte stolz sein Werk.

bei. Bei diesem Set „Fädelblumen" sind Perlen in verschiedenen Farben, Faden, Blumen, Blättern und Schmetterlinge drin. Die Kinder haben einen riesigen Spaß damit.

Die jüngeren Kinder lernen auf einfache Weise einfädeln, die Größeren überlegen sich, ob sie Abstände mit einplanen.

Alle Kinder lernen, ganz feinfühlig mit Perlen und Blüten umzugehen, das Spiel fördert die Konzentration und manuelle Fähigkeiten gleichermaßen. Und was dabei rauskommt, ist auch noch schön und kann zu Hause aufgehängt oder verschenkt werden.

„Meinen" Kindern von der „Pampersbande" Johanna, Emily (schaut zu) und Magdalena, sowie auch meinen eigenen

Zwillingsbruder Felix hat sich entschieden, einige Perlen zwischen der Blumen einzusetzen. So wird der Abstand zwischen den Blumen größer.

Kindern hat das Spielen mit den Fädelblumen sehr gut gefallen.

Liebe Grüße und viel Spaß beim Nachmachen - Katrin O.

BESCHÄFTIGUNG: Basteln zum Muttertag

Wir machen ein Muttertagsgeschenk

Zwillingsmutter Katrin bastelt gerne (siehe Seite 26). Und da der Muttertag auch bald in Sicht ist, hat sie zusammen mit Johanna und Magdalena, den Zwillingen, die sie in einer Kindergruppe betreut, eine Idee umgesetzt, für die man vor allem Farben braucht.

Zusammen mit meiner kleinen „Pampersbande" habe ich neulich schon einmal Muttertagsgeschenke gebastelt.

Für meine kleine Kindergruppe habe ich immer wieder Ideen gesucht. Diesmal habe ich mir allerdings selbst etwas ausgedacht. Wir haben einfach einen kleinen Text mit Edding auf ein Blatt Papier geschrieben und mit Klebefolie ein Herz ausgeschnitten und darüber geklebt.

Danach können die Kinder mit Fingerfarben das Blatt gestalten. Dazu habe ich ein bisschen Farbe in die Deckel von Marmeladengläsern gegossen. In diese greifen die Kinder rein, um dann mit den Fingern zu malen. Anschließend die Folie mit einem nassen Waschlappen von der Farbe befreien. Das Ergebnis lässt sich gut zum Muttertag verschenken. Alle Mamis waren begeistert über ihre kleinen Liebesbriefe. Für die Papas haben wir dann dasselbe gemacht.
Liebe Grüße - Katrin

Die Zwillinge Johanna (oben) und Magdalena malen ganz andächtig mit Fingerfarben. Diese werden in Deckel von Marmeladengläsern gegossen, so dass sie mit den kleinen Kinderhänden gut aufzunehmen sind. Natürlich muss Betreuerin Katrin helfen, die schöne Muttertagsidee umzusetzen. Sie beschriftet das zuerst aufgeklebte Herz. Alle Mamas und Papas haben sich sehr über das kleine Geschenk gefreut.

Zwillings-kleidung

mieten statt kaufen?

Foto: Judit Lesti

KLEIDUNG: Warum teuer kaufen? kindoo.de

Zwillingskleidung ist für Zwillingseltern nicht nur ein Grundsatzproblem. Gleich oder nicht gleich? Ähnlich oder sich ergänzend? Jenseits dieser Diskussionen ist gute Markenkleidung gerade für Zwillings- und Drillingseltern immer auch eine Frage des Geldbeutels. Jetzt gibt es eine Alternative: www.kindoo.de - Kinderkleidung zum Mieten.

Kleidung für Zwillinge – immer auch ein Thema für Zwillingseltern. Alles gleich oder unterschiedlich? Aber auch jenseits dieser Grundsatzfrage kann Kleidung für Zwillinge (und andere Kinder) ein Thema sein, nämlich dann, wenn es ums Geld geht. Allzu schnell wachsen die „lieben Kleinen" nämlich aus den Sachen raus und wer sich nicht die Mühe machen will, alle Klamotten second-hand anzubieten, für den wäre die Alternative „Kleidung einfach auszuleihen" eine gute Idee.

Der Zwillings-Onkel hat eine Idee.

Auf diese Idee kamen auch Daniel und Bea aus Frankfurt, die zwar keine eigenen Kinder haben, aber in der Verwandtschaft jede Menge Kinder und sogar zweimal Zwillinge. Onkel Daniel war fasziniert, wie schnell die Zwillinge seiner Schwester, Ben und Ela, wuchsen ... „schneller als eine Blumenwiese im Frühling", staunte der Onkel. Und das brachte den findigen Wirtschaftsingenieur auf die Idee, Kleidung einfach zum Leihen anzubieten. „kindoo" war geboren – das Verleihportal für Kinderkleidung von Größe 52 bis 116. Bea, durch Heirat ihres Zeichens Tante von Zwillingen, erläutert das Konzept: „kindoo ist die ideale Lösung für alle Eltern, die ihre Kinder in den ersten beiden Lebensjahren modisch aktuell und hochwertig einkleiden möchten, ohne dabei alle paar Wochen hohe Ausgaben für neue Kleidung zu haben und sich anschließend um den zeit- und energieraubenden Wiederverkauf der kaum gebrauchten Teile kümmern zu müssen." Das heißt auch keine Kleiderberge in Schränken oder Kellern, keine übersprungenen Größen, immer die neuesten Kollektionen, viel Zeit und Geld sparen und gleichzeitig etwas für die Umwelt tun (siehe Seite 32).

Wie funktioniert der Kinderkleidungsverleih? Auf dem Onlineportal www.kindoo.de wird Kindermode in den Größen 52 bis 116 wie in marktführenden Onlineshops übersichtlich präsentiert. Statt die Modelle zu kaufen, wird die Kleidung bei kindoo.de jedoch auf Zeit vermietet: Zwillings- und andere Eltern haben die Wahl zwischen neuen und neuwertigen (bereits verliehenen und anschließend professionell gereinigten) Teilen.

Ist das Kind/sind die Kinder aus den Kleidungsstücken herausgewachsen, schickt man die Sachen an kindoo zurück. Dort prüfen sie sie auf Mängel, reinigen die Sachen und dann stehen sie erneut zur Vermietung.

Kann man dabei wirklich sparen?

Ist es wirklich billiger, Markenkleidung zu leihen? Bea und Daniel haben es genau kalkuliert: Die Kleidungsmiete auf Zeit ist signifikant günstiger als ein Neukauf und macht kindoo deshalb auch besonders attraktiv für junge Familien oder Alleinerziehende, die zwar häufig hohe Ausgaben, aber nur ein kleines Budget zur Verfügung haben.

Sogar eine Rundum-Sorglos-Garantie ist inklusive: Bei Beschädigung und Flecken entstehen für den User keine Mehrkosten. Und wer sich in ein bestimmtes Kleidungsstück „verliebt" hat, muss auch in Zukunft nicht auf das Teil verzichten. Man kann jedes Teil jederzeit zum Restwert (Einzelhandelspreis abzüglich der bisher gezahlten Miete) abkaufen. Bea, die Fachfrau für die Vermarktung des neuen Portals schwärmt: „Du zahlst dabei nie mehr, als in anderen Shops."

Welche Marken kann man auf kindoo.de ausleihen? Eigentlich alle bekannten Labels und auch einige, die nicht so geläufig, aber „in" sind. Es gibt Kleidung zum Beispiel von Oilily, Levis Kids, bellybutton, sigikid, Fred's world, Steiff und viele andere. Ende Januar sind weitere Marken dazugekommen, nämlich: danefae, Noppies, IMPS&ELFES, NuNuNu und Little Indians. Soll doch keiner sagen, man könne schnellwachsende Kinder nicht absolut stylisch und zu geringem Preis einkleiden ...

Und einen weiteren positiven Aspekt gibt es: kindoo.de steht für einen schonenden Umgang mit Umweltressourcen und bietet auch Bio-zertifizierte Kleidung an, die garantiert unter fairen Arbeitsbedingungen und frei von schädlichen, potentiell allergieauslösenden Farbstoffen oder anderen chemischen Ausrüstungen hergestellt wurde.

Bea erklärt den Gedanken dahinter: „Modische und ausgefallene Kinderkleidung mit aufwendigen Details kostet in der Neuanschaffung viel Geld. Der Kosten-Nutzen-Faktor steht aber gerade bei Babys in keinem Verhältnis, weil die Teile nur wenige Wochen passen und dann in der Regel nicht mehr weiter genutzt werden." Und Daniel ergänzt: „Junge Eltern haben oft zu wenig Zeit zur Verfügung, um sich ganze Wochenenden auf Kinderflohmärkten die Beine in den Bauch zu stehen, die zu klein gewordenen Kleider im Internet oder einem Second Hand Shop weiterzuverkaufen. Kinderkleidung bei kindoo.de mieten schont die Ressourcen durch Mehrfachnutzung und ist somit eine nachhaltige, kostengünstige und umweltfreundliche Alternative zum Kauf."

Das Kleidungsthema wird auch in Zukunft gerade für Zwillings- und Drillingseltern immer eine wichtige Rolle spielen. Und da ist kindoo auf der Kostenseite sicher eine gute Alternative.

Foto: Judit Lesti   Mehr unter: **www.kindoo.de**

Schicke Mode gibt es schon für die Kleinsten. kindoo.de bietet Marken-Kinderkleidung von Größe 52 bis 116 an.

ORDNUNG: Mit System findet jeder seine Sachen

Jeder findet seine eigenen Sachen

Wenn's morgens manchmal schnell gehen soll, ist es wichtig, dass die Kinder - hier die Zwillinge Maja und Leni und der große Bruder Ole ihre Anziehsachen schnell und allein finden. Zwillingsmutter Desiree schickt den Tipp.

Seit ich unter der Woche allein bin, weil mein Mann beruflich die ganze Woche unterwegs ist, versuche ich mir viele Dinge so einfach wie möglich zu gestalten. Dazu gehört vor allem Ordnung zu halten.

Bloß kein Stress am frühen Morgen

Um die morgendliche Zeitnot nicht zu strapazieren und um Diskussionen mit Ole und den Zwillingen Leni und Maja zu umgehen, habe ich jedem unserer drei Kinder eine Jako-o Garderobenbox aufgehängt und zwar direkt übers Bett. Dort werden abends die von den Kindern für den nächsten Tag gerichteten Kleider reingelegt und morgens verschwindet der dann ausgezogene Schlafanzug darin.

Seit wir das eingeführt haben, gibt es glücklicherweise keine Diskussion mehr. Und die Kinder sind selbstständiger, weil jeder für seine Kleider zuständig ist. (Desiree K.)

KOLUMNE ZWILLINGE UNGEFILTERT: Großeltern

Meine Eltern sind einfach die Besten!

Was würden wir Zwillingseltern ohne die guten Zwillingsgroßeltern machen? Sigrun Eder, Autorin aus Österreich, die wir seit vier Jahren begleiten dürfen, hat sich dieses Mal Gedanken über die besondere Beziehung ihrer Zwillinge Astrid und Janna zu den Großeltern gemacht.

Meine Eltern sind tolle Großeltern. Stundenlanges Spielen, Basteln, Zeichnen, Spazieren gehen und draußen sein können sie viel besser als ich. Finde ich.
Und für meine Eltern ist es wirklich ein Kinderspiel. Bis zur Pensionierung haben sie als Lehrer gearbeitet. Früher hatten sie die tägliche Herausforderung, Schulkindern in Groß- und Kleingruppen Mathematik, Physik und Chemie, Biologie, Musik, soziale Kompetenzen, Schifahren und Schwimmen beizubringen.

Als ehemalige Lehrer haben die Großeltern Zwillinge „im Griff" ...

Jetzt haben sie es bloß mit Astrid und Janna zu tun, ohne Hausübungen und Schularbeiten kontrollieren zu müssen oder sich mit herausfordernden Kindern und deren Eltern wohlwollend auseinandersetzen zu müssen.
Schwierig bin manchmal ich. Denn bin ich in meinem Elternhaus 1,5 Fahrtstunden von Salzburg entfernt, fühlt sich das wie Urlaub an und diese Urlaubsstimmung lässt mich von diesen und jenen Routinen und Regeln Abstand nehmen.
Astrid und Janna haben keine Einwände. Für sie ist bei den Großeltern sein auch wie Urlaub. Insbesondere genießen sie die ungeteilte Aufmerksamkeit ihrer Großeltern. Mit meiner Mama kochen, spielen und lesen sie oder klimpern am Klavier. Mit meinem Papa verhandeln sie, ob sie auf dem Weg zu den Enten, den kleinen Wutzis (Schweinen) und Zwergponys sich selbst mit Brot und Karotten stärken oder lieber auf dem Rückweg Saft und Fischli kaufen.
Morgens bestellen sie ihre geschäumte Milch für den Kakao und frühstücken die am Vorabend beim Opa in Auftrag gegeben Laugenweckerl oder teilen sich eine Nussschnecke. Danach malen sie gerne die von Opa gezeichneten Ausmalbilder an, um später Oma ausführlichst mitzuteilen, wie das zu nähende Kleid am besten aussehen soll oder welche Kleidungsstücke einen Nähservice benötigen.
Dazwischen spielen sie für sich alleine im Mausloch, einem Spielzimmer unter dem Dach, in dem ganz viele Spielsachen von meinem Bruder und mir auf Astrid und Janna warten.

Abends bin ich wieder gefragt.

Spätestens Abends beim Geschichten vorlesen bin wieder ich als Mama gefühlt gefragt. Doch ab und zu hat die eine oder andere schon laut die Frage gestellt, ob Oma, wenn sie die beiden zu Bett bringen würde, nicht doch eine oder zwei Geschichten mehr vorlesen würde als ich.

Kürzlich als Astrid und Janna sehr krank waren, durften sie mit Opa ganz viel Zir-

Wie war es in Mamas Bauch?

... erzählt vom Leben vor der Geburt. Auch, wenn die meisten Menschen sagen, dass sie sich nicht mehr daran erinnern, ist in den neun Monaten der Schwangerschaft viel passiert. Während sich das Baby entwickelt, nimmt es schon wahr, was um es herum vor sich geht. Davon erzählt die liebevoll illustrierte Bildergeschichte (für Kinder ab 4 Jahren).

Das Buch basiert auf der Pränatalen Psychologie. Kinder begleitet es in ihren Fragen, woher sie kommen und wie es an ihrem ersten Ort wohl gewesen sein mag. Eltern und Fachkräften vermittelt es Wissen über das Erleben und die Bedürfnisse des ungeborenen Kindes.

Das Buch wurde von Anna Groß-Alpers geschrieben und illustriert. Als Projektleiterin fungierte unsere Autorin Sigrun Eder.

**ISBN 978-3-903085-50-3
Edition Riedenburg
www.edition-riedenburg.at
14,90 Euro**

kus im Fernsehen anschauen. Das erinnerte mich an die Zeit von früher, wo wir samstags fasziniert mit selbstgemachtem Popcorn im Wohnzimmer den Artisten zuschauten und wo mein Bruder und ich erleichtert seufzten, wenn das Kunststück am Trapez gut ausging.

Ich bin glücklich, dass meine Kinder sich dort wohlfühlen.

Ich bin glücklich, dass sich meine Kinder in meinem Elternhaus wohl fühlen, sich dort und den Ort neu erfinden und ich meine Kinder beim Enkelsein und meine Eltern beim Großelternsein beobachten und mich selbst als Mama überall einbringen kann.
Die Krönung ist allerdings, wenn Onkel Gregor und Tante Claudia auch da sind. Dann können sie fest beim Bierbrauen mithelfen oder das gemeinsame Fernsehen im Bett genießen. Astrid und Janna lieben die Gemeinschaft und wachsen an ihr. Sie essen meist besser und haben beinahe unentwegt etwas zu erzählen.

PS: Apropos wachsen: Meine Astrid hatte schlimme Ohrenschmerzen und weil es Wochenende war, fuhren wir beide ins Krankenhaus. Sie hatte große Angst. Ich hätte gewettet, dass sie vor Ort eisern schweigt. Doch sie hat der Krankenschwester klar geantwortet und alles gemacht, was für die ärztliche Untersuchung erforderlich war. Ich war baff und Astrid mächtig stolz. (Sigrun Eder)

Aktuelle Kurtermine für Mehrlingskuren in der Kurklinik Strandrobbe

Kur-Nr. 1703   22. Februar - 15. März 2017
Kur-Nr. 1704   15. März - 5. April 2017
Kur-Nr. 1706   3. - 24. Mai 2017
Kur-Nr. 1707   24. Mai - 14. Juni 2017
Kur-Nr. 1708   14. Juni - 5. Juli 2017
Kur-Nr. 1712   6. - 27. September 2017
Kur-Nr. 1715   8. - 29. November 2017
Kur-Nr. 1716   29. November - 20. Dezember 2017

Selbstverständlich sind in den Schwerpunktkuren auch weiterhin alle anderen Familien willkommen. Bei entsprechend zahlreicher Buchung wird für die Mehrlingsfamilien zusätzlich ein entsprechendes Therapieangebot angeboten.

Unser Buch zum Thema:

ISBN 978-3-927058-75-0
16,99 Euro mit Vorlese-/Ausmalbuch
bei www.twins.de & Amazon

BUCHBESPRECHUNG: Eltern sein, (Liebes)paar bleiben

Was hast Du den ganzen Tag gemacht?

Paarleben ist nicht gleich Familienleben. Das hat auch Paartrainer Sascha Schmidt in vielen seiner Veranstaltungen festgestellt. Er hat einen Ratgeber mit vielen Beispielen und Lösungsvorschlägen geschrieben.

„Wenn er nach Hause kommt und fragt, was ich den ganzen Tag gemacht hätte, könnte ich ausrasten." Solche Sätze sprechen vielen Frauen aus der Seele. Männer hingegen haben häufig das Gefühl, nicht genug da zu sein, gar zu stören oder zum Ernährer degradiert zu sein.

Schnell merkt man: Paarleben ist nicht gleich Familienleben. Denn im Alltag der meisten Eltern kommt das „Paar sein" zu kurz. Immer seltener unternimmt und erlebt man etwas zu zweit. Und wenn endlich Zeit füreinander ist, drehen sich die Gespräche oft wieder um Kind und Job.

Mit Familien- und Jobleben prallen zwei Welten aufeinander. Der Autor Sascha Schmidt benennt in seinem neuen Ratgeber klar die wichtigsten Konfliktherde und zeigt, welche Bedürfnisse unbedingt erfüllt werden sollten, um eine starke Partnerschaft trotz Arbeit und Kind aufrecht zu erhalten. Hierfür hat er die häufigsten Bedrohungen für Paare mit Kindern aufgelistet. Sie stammen aus seiner langjährigen Beratungspraxis mit berufstätigen Eltern. Zu jeder Bedrohung finden Eltern am Ende des Abschnitts konkrete Hilfen: Von Gemeinsamkeiten bis zur kinderfreien Zone - der Ratgeber überzeugt durch praktische Beispiele, hilfreiche Checklisten und vor allem durch Problemlösungen: Damit Paare nicht nur Eltern sind. Der Autor Sascha Schmidt ist Paarberater und familylab-Seminarleiter. Sein Schwerpunkt liegt auf Nothilfe für Paare

Sascha Schmidt, „Wieder Paar sein", Humboldt Verlag, 19,99 Euro, ISBN 978-3-86910-518-5

in der Krise. Aufgrund seiner umfangreichen Beratungserfahrung weiß er, wie sich schwierige Situationen in der Partnerschaft alltagstauglich auflösen lassen. Für diesen Ratgeber hat er die besten Tipps für alle Eltern zusammengetragen, die zwar als Team funktionieren, sich aber als Paar verloren haben.

BUCHBESPRECHUNG: Alleinerziehen mit Humor

Alleinerziehend ... jetzt sehe ich's anders

Dorothea liest und schreibt gerne. Deshalb hat sie sich das Buch einer alleinerziehenden Zwillingsmutter vorgenommen, um es für uns zu rezensieren. Das Fazit der vierfachen Mutter: Nach der Lektüre sind viele Frauen froh, den Vater ihrer Kinder an ihrer Seite zu haben.

Weiblich, 32 Jahre alt sowie mit Zwillingen schwanger zu sein und einen werdenden Vater an seiner Seite zu haben, der gerade gestanden hat, dass er nicht umhin könne, zu seiner Jugendliebe in das von Deutschland maximal entfernte Australien zu ziehen, entspricht mit Sicherheit nicht der Traumvorstellung aller Frauen.

Einblick in die Gefühlswelt

Und doch beschreiben diese Umstände exakt die Situation der Autorin Katja Zimmermann in dem Roman „Esst euer Eis auf, sonst gibt's keine Pommes" (Ullstein Verlag, Berlin 2017).
Katja Zimmermann ist freie Drehbuchautorin und erzählt sehr schwungvoll und mitreißend von ihrem Leben als alleinerziehende Mutter ihres Zwillingspärchen mit dem Geburtsjahrgang 2004. Sie berichtet drehbuchreif in chronologischer Reihenfolge von all ihren Erlebnissen, beschreibt sehr plastisch ihren Alltag und gewährt dem Leser einen offenen Einblick in ihre reiche Gefühlswelt.
Die Autorin erzählt nicht nur von ihrem eigenen Leben, sondern lässt auch immer wieder andere, mit ihr befreundete Alleinerziehende (fünf Frauen, einen Mann) ausführlich in direkter Rede zu Wort kommen. An vielen Stellen werden die meisten Zwillingseltern den Aussagen der Autorin zustimmen können, zum Beispiel bei folgender Aussage: „Seit ich Kinder habe, genieße ich es, Bahn zu fahren, einmal nichts tun zu müssen, außer die Zeitung oder gar ein Buch zu lesen, oder einfach aus dem Fenster zu starren. Leere Zeit, das Heiligste im Leben einer alleinerziehenden Zwillingsmutter."
Im Buch sind auch immer wieder Zitate und Weisheiten des dänischen Familientherapeuten Jesper Juul zu lesen, die für alle Eltern tröstende und aufbauende Wirkung bieten können. Zudem wird die Situation von Alleinerziehenden im Allgemeinen von allen erdenklichen Seiten beleuchtet und mit gut recherchierten Statistiken unterlegt.

Tu auch Dir selbst was Gutes!

Im ersten Drittel des Buches lässt die Autorin das erste Lebensjahr ihrer Zwillinge Nele und Luis mit all den Höhen und Tiefen einer frisch gebackenen Mutter, die auf sich allein gestellt ist, Revue passieren und betont dabei immer wieder die Wichtigkeit einer guten Selbstfürsorge, wenn sie beispielshalber schreibt.: „Nur wenn wir selbstbestimmt leben, können wir die Zeit mit den Kindern als Bereicherung statt als Pflichterfüllung sehen."

Frau Zimmermann reflektiert ihre kürzeren und längeren Liaisons mit Männern, die sie seit dem zweiten Geburtstag ihrer Zwillinge eingegangen ist und spricht von ihren Urlaubserfahrungen mit ihren Kindern in deren ersten Lebensjahren.

Einige Passagen in der Mitte des Buches empfand ich als kleine Durststrecken, die dann aber bald wieder von Seiten abgelöst wurden, auf denen die Zwillingsmutter nicht nur einen Einblick in die Grundschulzeit ihrer Kinder gibt, sondern auch das deutsche Schulsystem kritisch hinterfragt.

Schade, dass gerade das erste Lebensjahr sehr ausführlich dargestellt wurde, das zweite Lebensjahr, verbunden mit zahlreichen allgemeinen Überlegungen zu Themen, die gerade Alleinerziehende beschäftigen, auch noch gut berücksichtigt wurde, die anschließenden Jahre bis zum schulpflichtigen Alter aber quasi übersprungen wurden.

Die finanzielle Situation ist allerdings oftmals prekär.

Dafür bekommt der Leser einen umfassenden Einblick in die oftmals prekäre finanzielle Situation vieler Alleinerziehender und kann sich auch mit Überlegungen zu dem Phänomen „Regretting Motherhood" auseinandersetzen.

Im hinteren Teil des Buches gibt die Autorin einen Einblick in ihr momentanes Leben als Mutter von „Twin Teens" und wie sie mit dem Verhalten des Vaters ihrer Kinder im Laufe der Jahre Frieden schließen konnte.

Die Strukturierung des Buches in viele kleine Teile mit Kapitelüberschriften erleichtern das Lesen, allerdings vermisse ich ein Inhaltsverzeichnis. Sehr positiv fällt dagegen die Literaturliste auf, die ausschließlich sehr aktuelle Bücher enthält und die von der Autorin in kompetenter Weise jeweils kurz vorgestellt werden. Nach der Lektüre dieses Erfahrungsberichtes wird der Leser jeden alleiner-

ziehenden Elternteil mit anderen Augen sehen, da er tief in alle Facetten dieses besonderen Lebens eintauchen konnte. Viele liierte Frauen werden vielleicht noch mehr die Unterstützung ihres Partners in welcher Form auch immer zu schätzen wissen.
Katja Zimmermann, „Esst Euer Eis auf, sonst gibt's keine Pommes", Ullstein Verlag, 9,99 Euro, 978-3-548376-70-7.

Alleinerziehend ...
Fast Food & Eifersucht

Wie ist das Leben als alleinerziehende Mutter? Gibt es Schwierigkeiten, von denen wir keine Vorstellung haben? Petra hat sich bewusst für die Zwillinge entschieden. Sie berichtet aus ihrem Alltag mit drei kleinen Kindern. Schlimm ist vor allem die Eifersucht des älteren Sohnes.

Seit einiger Zeit lese ich die Zeitschrift ZWILLINGE und jetzt auch ZWILLINGE - DAS MAGAZIN und frage mich, ob es überhaupt jemanden außer mir gibt, der seine Zwillinge allein erzieht? Da Ihr im letzten Heft (Ausgabe ZWILLINGE 24, Januar/Februar 2017) ein Buch (siehe Seite 38) zum Thema vorgestellt habt, möchte ich Euch heute schildern, wie ich mit dem Alleinerziehen zurecht komme.
Als ich erfahren hatte, dass ich schwanger bin, war relativ schnell klar, dass ich nun alleinerziehende Mutter von zwei Kindern sein würde. Ich hatte schon einen kleinen Sohn, Thomas.
Ich überlegte hin und her, ob ich dieser Verantwortung gewachsen sein würde. Ich war völlig verzweifelt. Den Vater des neuen Kindes kannte ich erst seit zwei Monaten und er sagte mir klipp und klar, dass für ihn eine Vaterschaft mit all ihren Konsequenzen nicht in Frage käme.
In der siebten Schwangerschaftswoche stellte sich dann heraus, dass es sogar Zwillinge werden würden. Paradoxerweise war genau dies der Moment, in dem ich beschloss, die Schwangerschaft auf gar keinen Fall abzubrechen. Ich konnte den Gedanken nicht ertragen, nicht nur ein Kind, sondern gleich zwei getötet zu haben. Ich bin nicht grundsätzlich gegen Abtreibungen - aber ich habe dies halt so für mich entschieden.
Die Schwangerschaft verlief zum Glück sehr gut. In dieser Zeit zog ich in ein spezielles Wohnprojekt, in dem nur junge Familien mit Kindern wohnten. Für Alleinerziehende sind die Mieten dort zwar relativ hoch, aber mit meinen bald drei Kindern bekam ich einen Teil der Miete bezahlt.
Zwölf Tage vor dem errechneten Termin kamen meine beiden Mädchen Rosalie und Lisanne zur Welt. Ich hatte ein wunderschönes Geburtserlebnis und konnte bereits nach vier Tagen nach Hause gehen. Und dann begann der Alltag mit drei Kleinkindern.
Mein Sohn Thomas hatte zum Glück einen Kindergartenplatz und ich holte ihn jeden Tag zwischen 14 und 16 Uhr dort ab. Die Zwillinge schliefen am Anfang noch recht viel. Und man glaubt es kaum: ich habe vom Sozialamt eine Haushaltshilfe für zwei Stunden täglich spendiert bekommen.

Die anderen Mieter in dem Haus kaufen manchmal für mich mit ein. Manche kochen auch mal für mich mit und andere passen auf meinen Sohn auf, damit ich mal etwas erledigen kann.
Glücklicherweise kann ich beide Babys stillen, das erleichtert auch vieles und spart Arbeit.
Am Anfang klappte auch so alles gut. Ich hatte auch viel Zeit für Thomas. Trotzdem habe ich jetzt mit seiner Eifersucht zu kämpfen.

Eifersucht? - Das war mir klar.

Natürlich wusste ich, dass dieses Problem auf mich zukommen könnte. Doch wie heftig das jetzt ist, hätte ich nicht gedacht. Zu den Mädels ist Thomas überaus lieb, er lässt seine Wut und Eifersucht an mir aus. In solchen Momenten fehlt ein zweiter Erwachsener, der sich um Thomas kümmert.
Es gibt Tage, an denen alles eskaliert - Thomas mit seinen Wutanfällen und die Mädchen trinken vielleicht nicht richtig. Die Schlafenszeiten der beiden tagsüber werden auch weniger. Dann sind sie um 18 Uhr superknatschig und beruhigen sich nur noch auf dem Arm.
Dabei muss ich auch für Thomas das Abendessen richten und auch ihn ins Bett bringen. Eine Gute-Nachtgeschichte hat er schon sein Wochen nicht mehr vorgelesen bekommen
Wir ernähren uns übrigens fast nur noch von Fast Food, weil an richtiges Kochen auch kaum zu denken ist. Deshalb bin ich sehr dankbar, wenn mir die Nachbarn manchmal etwas vorbeibringen.
Über Besuch bin ich deshalb unheimlich dankbar. Sonst packe ich die Zwillinge oft in ihre Maxi Cosis und wippe diese mit den Füßen, weil ich nebenher essen kann.

Wenn die Babys die schlimmsten Knatschtage haben, stellt sich Thomas auch noch quer. Ich bin dann auch gereizt wegen des Geschreis und dann schreie ich Thomas an, er schreit dann auch und die Babys schreien noch mehr - und das Chaos ist perfekt.
An manchen Tagen heule ich auch erst mal, was das Zeug hält, nachdem die Kinder im Bett sind. Ich denke dann, dass ich eine ganz schreckliche Mutter bin, die ihre Kinder unglücklich macht.
Zum Glück kehrt gegen 21 Uhr meist Ruhe ein, nachdem ich den Schnuller circa zwanzigmal wieder reingesteckt habe. Nachts stille ich die Babys derzeit noch ein- bis zweimal und danach schlafen sie gleich weiter. Wenn ich nicht abends diese paar Stunden nur für mich und eine relativ ungestörte Nachtruhe hätte, würde ich das alles nicht packen. Manchmal denke ich, das spüren die Babys und machen in dieser Hinsicht keine Extra-Zicken.

Auch der Vater hilft manchmal.

Obwohl sie oft Blähungen haben, aber dann gibt es halt eine Wärmflasche, habe ich sie noch nie nachts herumtragen müssen. Bis sie sieben Wochen alt waren, haben die beiden auch bei mir im Bett geschlafen. Dann wurde es mir zu eng, denn auch Thomas kommt ja noch jede Nacht angedackelt.
Mittlerweile hat sich auch der Vater der Zwillinge wieder bei mir gemeldet. Er kommt jetzt meist zweimal die Woche. Das ist mir einerseits eine große Hilfe, andererseits bin ich emotional noch nicht so weit.
Es ist oft schmerzhaft zu sehen, wie er liebevoll mit den Babys umgeht und doch zu wissen, dass wir nie eine richtige Familie sein werden. (Petra L.)

BUCHBESPRECHUNG: Reisebudget für Familien planen

Reisen mit Kindern & Finanzielles planen

Reisen mit Kindern wollen gut geplant sein. Und natürlich Reisen ist teuer. Die Reisebloggerin Jenny Menzel hat einen Ratgeber zusammengestellt, der reiselustigen Familien auf 180 Fragen eine Antwort gibt und vor allem die finanzielle Reiseplanung leichter macht.

Was wird das kosten und wie können wir das bezahlen? In gängigen Reiseführern finden Eltern keine Antwort auf diese wichtigsten Fragen vor einer Reise. Genauso wenig zum Elterngeld auf Reisen, zur Sabbatical-Planung oder zu Reiseversicherungen für Familien.

Die Reisebloggerin Jenny Menzel hat sich damit nicht zufriedengegeben und legt nun mit „Reisebudget-Planung für Familien" den ersten und einzigen Finanz-Ratgeber für reiselustige Familien vor. Das handliche, zum schnellen Nachschlagen oder gründlichen Durchlesen geeignete Sachbuch wird vom KidsAway-Verlag*) angeboten und reiht sich in ein wachsendes Sortiment von praktischen Reiseratgebern für Eltern mit Kindern ein.

Im kompakten Frage-Antwort-Stil beleuchtet Jenny Menzel das Thema der Reisefinanzierung für Familien von wirklich jeder Seite und beantwortet 180 häufige Fragen, die sich Eltern bei der Reiseplanung früher oder später stellen. Angefangen damit, wie man sein individuelles Familien-Reisebudget aufstellt und anspart, über preisgünstige Reiseziele und Reisearten für Familien bis hin zu zahlreichen Tipps, wie Eltern mit Kindern auf Reisen clever Geld sparen und zusätzliche Einnahmen erzeugen können.

Wenn es ums Geld geht, tauchen aber unweigerlich auch rechtliche Fragen auf. Auch dazu hat die erfahrene Reisebloggerin und Autorin Jenny Menzel gründlich recherchiert und bietet Lesern

ihres Buches einen Schatz an wenig bekannten Tipps zu den trockenen Themen Elterngeld, Jobauszeit und Arbeitslosigkeit, Steuerrecht und Schulfreistellung an.

Einen praktischen Reisekosten-Kalkulator, mit dem Familien auf Reisen den Überblick über ihre Ausgaben behalten, können Leser des Buches auf der Website KidsAway.de herunterladen. Dort findet sich auch eine ganze Reihe von Vorlagen, die Familien für ihre Reiseplanung oder für die Reise selbst nutzen können: vom Muster für einen motivierenden Familien-Vertrag über Checklisten für die Reisevorbereitung bis hin zu Vorlagen für Vollmachten.

Eine umfangreiche Liste an weiterführenden Web-Links ist für Eltern genauso hilfreich wie die Interviews mit fünf Familien, die kürzere und längere Reisen gemacht haben und ihre Reisekosten auf den Cent genau auflisten.

Damit ist dieses Buch tatsächlich einzigartig auf dem deutschen Buchmarkt und sollte bei jeder Familie im Buchregal stehen - spätestens, wenn die erste Reise geplant wird.

Der Ratgeber ist ab sofort im gut sortierten Buchhandel sowie über Amazon erhältlich.

Über die Autorin: Jenny Menzel ist verheiratet, Mutter von drei Kindern und arbeitet als freie Lektorin und Redakteurin in Dresden. Gemeinsam mit ihrer Familie erkundet sie mit dem Rucksack Südostasien, macht Camping in Skandinavien oder kurvt im Wohnmobil durch Neuseeland und Japan.

*) **Über KidsAway**. KidsAway ist als junger Reise-Verlag für Familien ständig un-

„Reisebudget-Planung für Familien: 180 Fragen und Antworten" | Jenny Menzel | Taschenbuch: ISBN 978-3-9817031-3-9 | 288 Seiten | mit Reisebudget-Rechner, Vorlagen und Checklisten | Taschenbuch | 16,95 Euro

terwegs. Im stetig wachsenden Sortiment finden reiselustige Eltern hilfreiche Ratgeber zu wichtigen Sachthemen rund um das Reisen mit Baby und Kind.

Das Verlagsprogramm findet sich unter www.kidsaway.de/ratgeber

Aber auch sonst ist die Internetseite eine Quelle guter Information für Eltern, die mobil bleiben wollen.

Wir verlosen 1 Exemplar des Buches.

FOTOPARADE: Unsere Leser = Zwillingsfamilien

Unsere Zwillings-familien

Weihnachten zu viert - Jannis und Julia (oben) ... und Taufe (rechts) mit Annika und Finja.

Familie O. (links) mit Maira und Marlon aus Hessen.

Urlaub an der See - Familie D. mit Paula und Hanna.

Seite 44 ZWILLINGE 25

Familie L. (links) - alle auf einem Sofa, nur die Mama fehlt hier. Eine(r) muss ja das Foto machen ...

Jaz und Lou (links) machen die Familie komplett.

Lena und Anne (unten) mit Brüderchen Ben und den Eltern Clemens und Verena.

Elia, David, Davor und Moses mit ihren Eltern in der Schweiz.

REZEPT: Kochen & Backen mit Kindern

Backen zu Ostern: Unser Osterlamm

Kochen und Backen mit Zwillingen und Drillingen hat immer einen zusätzlichen Sinn, außer die Kinder zu beschäftigen. Sie lernen, arbeitsteilig zu arbeiten, gesundes Essen zu schätzen und haben Spaß. Jasmin G. backt mit ihren drei Kindern ein Osterlamm.

Foto: Steiff

Leider habe ich nur Bilder, wie die Kinder unser gemeinsam gebackenes Osterlamm vernaschen (rechts). Die Kinder können bei der Zubereitung gut helfen, die Zutaten in die Schüssel zu geben und dann schließlich beim Teigkugeln formen, da gibt es genug Arbeit für zwei. Ich habe hierzu eine Rolle gemacht und in Stücke geschnitten und diese werden dann zu Kugeln geformt und aneinander gesetzt. Wenn das Lamm fertig ist, sieht es hübsch aus auf der Kaffeetafel und jeder kann sich ein Teil vom Schäfchen abzupfen.

Zutaten für den Hefeteig

- 750 g Mehl
- 75 g Zucker
- 1/2 Tl Salz
- 350 ml Milch
- 30 g Hefe
- 75 g zimmerwarme Butter

Zubereitung

Mehl, Zucker, Salz mischen und in eine Schüssel füllen. In die Mitte eine Vertiefung drücken, die Hefe hinein bröckeln. Milch erwärmen. Dazugießen und mit der Hefe verrühren. Butter auf das Mehl geben und alles zu einem geschmeidigen Teig verkneten. Abgedeckt an einem warmen Ort 60 Minuten gehen lassen. Den Teig nochmals durchkneten und zu einer Rolle formen.
Ein Backblech mit Backpapier auslegen und Ofen vorheizen auf 175 Grad Umluft. Von der Rolle ein größeres Stück für den Kopf abschneiden und kleine Stücke für Ohren, Füße und Schwanz beiseite legen.
Nun circa 25 Teile abschneiden und zu Kugeln formen und dicht an dicht auf das Backpapier legen, die restlichen Teile anbringen siehe Bild. Das Ganze abgedeckt noch einmal 30 Minuten gehen lassen.
In dieser Zeit den Backofen auf 175 C Umluft vorheizen. Zwei Rosinen als Augen einstecken. Ein Ei verquirlen, das Lamm damit bestreichen und mit Hagelzucker bestreuen. Dann circa 35 Minuten backen.

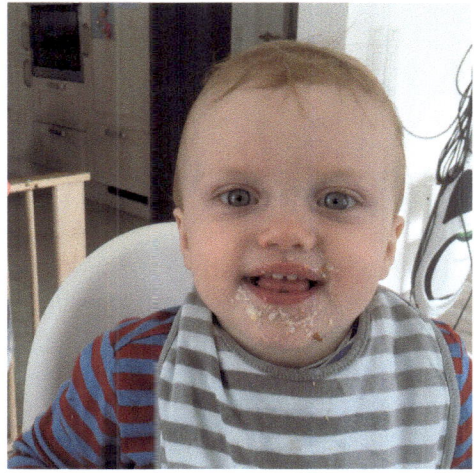

Paul (links) und Theo haben fleißig mitgeholfen. Kugeln aus Hefeteig rollen zum Beispiel.
Die große Schwester Charlotte lässt es sich auch gut schmecken - sie hat noch die Kochmütze auf (unten).

Das ist ja mal ein wirklich tolles Osterlamm. Es besteht aus vielen kleinen Hefeteigkugeln. Dadurch lässt es sich schön essen und auch beim Backen können die Kinder schön mithelfen.

Wir suchen noch Rezepte für das nächste Heft (erscheint Ende Mai)

ZWILLINGE ENTWICKELN SICH: Eigene Wege positiv

Neues von Andreas und Johannes ...

Zwillingseltern sind ja immer etwas unter Druck, weil sie das Gefühl haben, mehr für ihre Kinder tun zu müssen. Vor allem, wenn sie sich unterschiedlich entwickeln. Doch Andreas macht seinen Weg und auch „Träumer" Johannes hat jetzt ein Ziel vor Augen. Manuela erzählt.

Vor einiger Zeit hatte ich einen Beitrag für die Zeitschrift ZWILLINGE geschrieben. Darin ging es um die Sache mit den getrennten oder eben nicht getrennten Zimmern. Und wie ging es nun weiter mit unserer Geschichte?

Dann doch getrennte Zimmer ...

Andreas und Johannes haben seit zwei Jahren wieder getrennte Zimmer. So schön das Zusammensein auch war, eines Tages meinte Andreas, es wäre „qualvoll", weiterhin mit seinem Zwillingsbruder Johannes das Zimmer zu teilen. So haben wir Eltern wieder eine große Umräumaktion gestartet und jedem ein eigenes Zimmer nach den jeweiligen individuellen Wünschen eingerichtet.
Jeder der beiden hat seitdem seinen eigenen Weg weiter verfolgt. Andreas ist sehr selbständig, wenn es darum geht, Entscheidungen zu treffen. Deswegen weiß er vor allem, was ihm nicht gefällt. Das Es-Horn spielen und den Handball hat er aufgegeben. Dafür lernt er nun Klavier spielen, was ihm sicher vor allem deshalb sehr zusagt, weil es eine vollkommen eigene Entscheidung war. Ich selbst wäre nie darauf gekommen, ihm das zu empfehlen.
Wir haben die neue Neigung natürlich tatkräftig unterstützt und sogar ein Klavier in seinem Zimmer untergebracht. Andreas bedauert die relativ späte Entdeckung des Klavierspielens. Er geht jetzt in die zehnte Klasse des Gymnasiums. Einen Berufswunsch hat Andreas noch nicht. Für die Schule lernt er genau so viel, wie es die zu erwartende Zensur wert ist. Er würde niemals zu viel von seiner Freizeit für die Vorbereitung einer Arbeit investieren. Wir würden uns zwar mehr Fleiß wünschen, aber eigentlich hat Andreas Recht damit, seine Freiheit jetzt zu genießen.

Johannes hat uns überrascht!

Johannes hat uns Eltern mit seiner Entwicklung überrascht. Aus dem kleinen Träumer ist ein zielstrebiger junger Mann geworden. Da es in seiner Schule (Regelschule) üblich ist, ab der 7. Klasse Praktika absolvieren, hatte er ziemlich schnell sein Berufsziel gefunden. Johannes möchte Feinoptiker werden und lernt nun fleißig, damit er im nächsten Jahr einen guten Realschulabschluss schafft. In Jena ist Optiker ein ziemlich naheliegender Berufswunsch, weil große optische Werke ansässig sind.
Deutsch und Englisch fallen Johannes immer noch schwer, aber dank der Nach-

hilfe erreicht er auch in diesen Fächern den erforderlichen Notendurchschnitt. Wenn man es finanziell ermöglichen kann, ist Nachhilfe wirklich sehr zu empfehlen. Der Unterricht findet in kleinen Gruppen statt, und die Lehrer haben viel Erfahrung damit, auch zu schwierigen Schülern einen Zugang zu finden. Jede Form von Einzelunterricht, auch in Bezug auf das Erlernen eines Instrumentes, ist für langsamere Kinder eine wirklich gute Gelegenheit, den Anschluss zu finden.

Johannes folgt gern Empfehlungen. So spielt er nun schon seit 2009 in unserem Musikverein mit. Im letzten Jahr ist er vom Tenorhorn zur Posaune gewechselt. Das neue Instrument gefällt ihm gut und ebenso das Mitspielen im Orchester.

Die Familie freut sich natürlich immer, wenn wir im Duett spielen und die Feiern so etwas auflockern. Ich spiele schon seit meiner Kindheit Trompete und bin froh darüber, dass Johannes die Begeisterung für die Blechbläsermusik teilt.

Es hat sich also gezeigt, dass es richtig war, den schwierigen kleinen Zwillingen einen erfolgreichen Schulweg zuzutrauen.

Beiträge in ZWILLINGE haben uns bestärkt

Die vielen Beiträge in Ihrer Zeitschrift zu diesem Thema haben uns auch immer wieder ermutigt, das zu tun, was wir nach unserem Gefühl am besten fanden,

Andreas und Johannes aus Jena besuchen verschiedene Schulen und haben unterschiedliche Berufswünsche. So wünschen es sich die Eltern ...

oft auch gegen die Empfehlung von Erzieherinnen und Lehrern.

Mehr als einmal sollte ich mit Johannes zum Psychologen gehen, weil er so langsam und verträumt war. Ob ihm das geholfen hätte, bezweifle ich ganz stark. Er sah sicher in dem ganzen Lernen wenig Sinn, bis der Berufswunsch kam und somit die Erkenntnis, wozu man einen Schulabschluss braucht. (Manuela L.)

ZWILLINGE IN DER SCHULE: Hochbegabung - ein Fluch?

Hochbegabung Fluch oder Segen? - Teil 2

Zwillinge können eine Herausforderung darstellen - keine Frage. Was aber, wenn zu dieser Herausforderung ein ganz spezielles Problem hinzukommt? Sabine R. hat ihre Geschichte und die ihrer Zwillinge Hella und Jakob aufgeschrieben. Hier Teil 2 der spannenden Geschichte.*

Kleine Vorgeschichte: Die Zwillinge Hella und Jakob wurden sieben Wochen zu früh geboren. Sie wurden gegen den Willen der Eltern eingeschult. Die Grundschulzeit absolvierten sie (nach einigen Anfangsschwierigkeiten bei Hella) relativ problemlos.
Jakob konnte schon mit fünf Jahren lesen und war ein sehr aufgewecktes Kerlchen, dem man ansah, wie es dachte und dachte ...
Dann besuchten die beiden eine Gesamtschule, da sie von den Lehrerin gesagt bekamen, dass sie das Gymnasium wohl eher nicht schaffen würden. Für die Eltern war das in Ordnung, für Jakob nicht. Er ging zunehmend ungern in die Schule. Hinzu kam, dass Hella und Jakob ab dieser Zeit in getrennten Klassen waren. Und so geht die Geschichte weiter:

Nichts wurde besser, nur schlimmer

Es wurde nicht besser, sondern immer schlimmer.
Als Jakob zwölf Jahre alt war, gab es eine Situation, bei der ich heute noch eine Gänsehaut bekomme: ich hatte lange gearbeitet und mein Mann erzählte mir nachts, dass Jakob beim Zu-Bett-Bringen geweint hätte und meinte, dass er keinen Spaß mehr am Leben habe.
Wir waren beide geschockt: er war mit zwölf Jahren wirklich noch ein kleiner Junge, die Pubertät war es noch nicht. Ich war unsicher und überlegte, dass es vielleicht auch ein Trick sein könne, um die Strafen, die wir für das Vergessen von Hausaufgaben, Schulmaterial, etc. seit einiger Zeit eingeführt hatten. Wir fragten seine Klassenlehrer um Rat, die uns jedoch dringend rieten, die „Strafpolitik" weiter zu führen.
Die Quälerei ging weitere zwei Jahre und wir haben in dieser Zeit alle viele Tränen vergossen. Egal, was wir versucht haben, wie sehr sich Jakob bemüht hat, trotzdem hat er permanent seine Schulsachen vergessen, auffallend schlechte Noten geschrieben und wurde immer depressiver.
Hella hat sich in dieser Zeit gut entwickelt. Ihr anfänglichen Schwierigkeiten waren in der 8. Klasse plötzlich wie weggeblasen: bei dem bundesweiten Vergleichstest in Mathe hat sie eine der besten Arbeiten des Jahrgangs geschrieben und ihre Lehrerin völlig verblüfft, da sie in Mathe immer nur knapp an der 5 vorbei gerutscht ist. Da war der Knoten geplatzt - Hella hat die 10. Klasse mit einen Notendurchschnitt von 1,7 verlassen und besucht zur Zeit die 12. Klasse in einem regulären Gymnasium.
Jakob wollte unbedingt Abitur machen, sein Arbeitsverhalten und seine Leistungen zeigten das jedoch nicht. Er konnte einfach nicht.
Völlig zufällig bin ich auf das Thema Hochbegabung gestoßen: eine alte Kundin, mit der ich immer mal wieder über unsere Kin-

der „geschwätzt" hatte, meinte, ich solle unseren Sohn doch mal testen lassen, da sich meine Schilderungen nach Hochbegabung anhören würden.

Ich wollte das gar nicht glauben, da ich der Überzeugung war, mich darin „auszukennen" - in unserer Hausgemeinschaft ist die älteste Tochter eindeutig hochbegabt. Ich kenne sie, seitdem sie drei Jahre alt ist und es war schon in diesem Alter klar, dass sie außergewöhnlich ist (mittlerweile ist sie 25 Jahre alt, Abitur mit 1,0, Studium).

Die nächsten Wochen waren ein reiner Albtraum: ich habe mich nachts durchs Internet gelesen, die Buchläden leer gekauft, Info-Veranstaltungen besucht und ... wurde immer ratloser. Dabei habe ich die völlige Panik davor gehabt, dass es stimmen könnte. Das würde bedeuten, dass wir unseren Sohn jahrelang gequält hätten und richtige Rabeneltern wären.

Andererseits war die Vorstellung, dass bei dem Test herauskommen würde, dass er „normal" wäre, peinlich: die Übermutter, die unbedingt ein Genie haben will.

Ich war hin und her gerissen. Letztendlich kam ich zu der Erkenntnis, dass nur ein Intelligenztest bei einem Psychologen eine Klärung bringen können. Mein Mann war in dieser Situation keine große Hilfe: er hat es einfach abgelehnt, sich damit zu beschäftigen und wollte es nicht glauben.

Es hat mich nach vier Wochen eine große Überwindung gekostet, die empfohlene Psychologin anzurufen. Sie wollte mir zuerst Info-Material schicken. Das war mir wieder viel zu lange und ich bat um einen sofortigen Termin. Bei einem späteren Termin hat sie mich einmal gefragt, warum ich so beharrlich auf dem Test bestanden hätte. Ich muss wohl sehr entschlossen gewirkt haben.

Nach einem Telefoninterview zu Jakobs bisheriger Entwicklung gab es endlich einen Termin zum Test. Es dauerte alles ewig. Dazu hatte ich Jakob nur erklärt, dass die Psychologin versuchen wollte zu klären, warum er so große Probleme in der Schule habe. Er hat es jedoch durchschaut und mich direkt gefragt, ob es ein Intelligenztest sei. Er hat es „gerochen", da wir nie mit ihm oder in seiner Gegenwart darüber gesprochen haben. Auch die Bücher waren für ihn nie zugänglich.

Als Jakob vom Test zurück kam, war er bester Laune. Man konnte es sofort sehen - er läuft anders, wenn es ihm gut geht (der Weg zu unserem Haus vom Tor aus durch den

Hella ist eigentlich auch ein hochbegabtes Mädchen. Doch wie Mädchen in einer Zwillingsbeziehung so sind: sie ließ Jakob den Vortritt, der offiziell „Schlauere" zu sein.

Garten ist relativ lang). Später erzählte mir die Psychologin, dass der Test so eindeutig war und Jakob so „klein" gewesen sei, dass sie ihm sofort sagte, dass sie ihn für ein schlaues Kerlchen halte. Das hat schon gereicht, um seine Laune zu heben.

Bei dem anschließenden Gespräch stellte sich heraus, dass Jakob eindeutig hochbegabt in der „Kategorie" 1 Prozent ist. Das bedeutet, dass er zu dem 1 Prozent der Bevölkerung mit diesen intellektuellen Fähigkeiten gehört. Sein Problem sei „nur", dass er sich überhaupt nichts zutraue und auch bei dem Test lieber keine Antwort, als eine falsche Antwort gegeben habe. Erst die Aufforderung zu raten, weil er dann eine 50 prozentige Chance auf ein richtiges Ergebnis hätte, habe ihn zum Antworten bewegt. Dabei erklärte er aber, dass er das alles nicht wisse, sondern nur geraten habe.

Dauernde Unterforderung führt zu Unsicherheit

Der Grund für seine Unsicherheit sei die dauerhafte Unterforderung und die Langeweile seit der Grundschulzeit gewesen. Auch habe er niemals gelernt, zu lernen und dann einfach den Anschluss verpasst.
Jakob selbst hat das Testergebnis zwar intellektuell verstanden, jedoch emotional nicht glauben können: die Verunsicherung war zu tief. Er war mir in dieser Zeit jedoch sehr nah und dankbar, dass ich so verbissen an diesem Thema festgehalten habe.
Es folgten viele Gespräche, Therapiestunden, Kurse für Hochbegabte, eine Lernhelferin. etc. Alle Maßnahmen waren jedoch in Bezug auf seine Schulleistungen wenig wirksam: er wollte unbedingt Abitur machen, auf keinen Fall die Schule wechseln („da kenne ich doch niemand ..., was mache ich, wenn die alle doof sind ...", etc.).
Ich muss dazu sagen, dass seine Klassenlehrer in der Gesamtschule keine Unterstützung, sondern eher ein Hindernis waren. So wollten sie von Jakob wissen, was sie denn jetzt mit ihm machen sollten. Er war 13 Jahre alt und er war der Schüler! Es war für ihn eine große Enttäuschung, dass sich in der Schule auch nach dem Test nichts änderte. Sein Klassenlehrer hatte das Gutachten nach acht Wochen noch nicht einmal gelesen!

Wir haben ihn mühsam bis zum 10. Klasse geschleppt und er ist dann auf ein Gymnasium gewechselt. Aber auch dort ist er nicht gut klar gekommen: nach sechs Monaten wurde ihm der Wechsel in eine Fachoberschule empfohlen.

Es folgte ein großer „Familienkrach": sein Vater meinte, das würde ihm guttun, ich war der Meinung, dass er dann überhaupt nichts mehr machen würde und Jakob beharrte darauf, das Abitur zu machen. „Gerettet" hat uns seine Lernhelferin, die auch klar meinte, dass er in einer Fachoberschule wieder mehr unterfordert wäre und noch weniger arbeiten würde.

Ich habe mich dann mit ihm auf einen „Beamtenplan" für 17 Wochen bis zu den Sommerferien geeinigt: jede Stunde des Tages war verplant: Schule, Hausaufgaben, Freizeit, Aufräumen, etc.

Darüber haben wir einen Vertrag gemacht, bei dem der Schwerpunkt darauf lag, dass Jakob das Abitur machen will und nicht wir Eltern. Der Vertrag war eine gute Idee und es hat relativ gut geklappt - zumindest hörten die ewig „pampigen" Antworten auf Erinnerungen auf.

Mit 17 allein zurechtkommen?

Mit diesem enormen Aufwand hat er die 11. Klasse mit 87 Punkten abgeschlossen. Nach den Ferien meinte er dann, er müsse das mit jetzt immerhin 17 Jahren doch irgendwie auch allein schaffen und hat weitere Hilfe abgelehnt.

Jakob hat auch endlich das gefunden, was ihm Spaß macht. Er studiert jetzt Physik. Und Zwillingsschwester Hella arbeitet in der Firma ihrer Mutter mit. Sie wird sie eines Tages zusammen mit Jakob übernehmen.

Mittlerweile ist das Ende der 12. Klasse in Sicht und er ist zwar nach wie vor kein Musterschüler, hat aber offensichtlich die Kurve bekommen. Wir sind auch zuversichtlich, dass er das Abitur schaffen wird, nicht als „Glanzleistung", aber er wird seinen Weg machen.

So ein unheimlich schwerer Weg für ein neugieriges Kind ...

Schlimm für mich ist daran, dass dieser Weg so unendlich schwer war: ein Kind, das so neugierig war, dass es eigenständig das Lesen gelernt hat, war zwischendrin nicht in der Lage, einen einfachen Aufsatz zu schreiben (Deutsch Realschulprüfung Note 4!).
Ich sehe die Schuld eindeutig in unserem Schulsystem, das in viel zu großen Klassen (25 Schüler) völlig unzureichend geschulte (teilweise auch desinteressierte) Lehrer ihm die Neugierde aufs Leben und den Spaß am Lernen genommen haben. Der Beginn war sicher schon die zu frühe Einschulung: ein Jahr später eingeschult wäre die Langeweile sicher aufgefallen und es wäre niemand auf die Idee gekommen, dass die Kinder zu klein seien.

Ich kann nur allen Eltern raten, sämtliche „Hemmungen" über Bord zu werfen und bei dem kleinsten „Verdacht" einer Hochbegabung am Thema zu bleiben.
Jetzt habe ich nur über unser „Problemkind" Jakob geschrieben. Nach dem Test bei Jakob war ich der Überzeugung, dass auch Hella außerordentlich begabt ist. Auch das wollte mein Mann einfach nicht glauben.
Da Hella aber zu diesem Zeitpunkt keine Probleme mehr in der Schule hatte, war der Test eigentlich nicht erforderlich. Nachdem mir jedoch Freunde erzählt hatten, dass Hella ganz stolz über ihren klugen Bruder spricht, habe ich mich zum Test entschlossen. Ich war ich richtig erschrocken, da das als typisches Mädchenverhalten beschrieben wurde.
Der Test erfolgte bei der gleichen Psychologin, die zu diesem Zeitpunkt noch mit Jakob Therapie machte. Hellas ist ebenfalls hochbegabt, angeblich sind ihre Werte etwas niedriger. Ich glaube das nicht, ich kenne doch meine Hella. Ich denke, das die geringeren Punkte waren ein „Tribut" an Jakobs Selbstbewusstsein.
Abschließend kann ich sagen, dass das Alter zwischen 11 und 17 Jahre für Jakob und mit

Jakob sehr schwer waren. Hochbegabung ist ein schwieriges Thema: schnell ist man in die Ecke der arroganten „Übermutter" gestellt, wenn man darüber reden will und ja auch muss. Mittlerweile rede ich darüber nicht mehr (mit jedem), da es einfach falsch verstanden wird.

Ich bin nicht besonders stolz ...

Ich kann auch nicht sagen, dass ich besonders glücklich oder stolz darauf bin, begabte Kinder zu haben, da die Begabung kein „Selbstläufer" ist. Vielmehr habe ich es oft als „Fluch" empfunden und hatte Angst, dass unser Sohn „am Leben" scheitert. In irgendeinem Gespräch habe ich sogar mal von mir gegeben, dass die Hochbegabung wie eine Behinderung sei.

Wichtig ist die frühe Erkennung der Begabung, um eine tiefe Verunsicherung bei den Kindern zu vermeiden. Eine gute Beschreibung der Situation habe ich in einem Buch gelesen: „Stell Dir vor, Du fährst auf der Autobahn und alle Autos kommen Dir entgegen - wer ist dann der Geisterfahrer?"

So muss sich unser Jakob gefühlt haben– immer war er falsch und konnte das nicht verstehen - er kam sich richtig dumm vor.

Nach dem Test hat er mit einmal gesagt, dass er sich immer gewundert habe, dass er so viel mehr weiß, als sein Freund Carlo und er so schlecht in der Schule ist und Carlo so ein guter Schüler. Er hat also schon gewusst, dass er irgendwie anders ist.

Und jetzt? So ging es weiter ...

Abschließend in Kurzform die letzten zehn Jahre:
Die Zeit nach der 12. Klasse war weiterhin extrem schwierig und es ist noch immer für Jakob nicht leicht, sich im Leben zurecht zu finden. Er hat das Abitur gemacht (mehr schlecht als recht) und danach sofort ein Studium in Philosophie und Geschichte begonnen. Er ist jedoch mit seinen Mitstudenten nicht klar gekommen, da er extrem hohe moralische Ansprüche hat.

Er hing dann circa zwei bis drei Jahre in der Luft und hat bei mir im Büro gearbeitet - es war eine Qual für mich, alle Mitarbeiter und ihn auch, aber immerhin ... er ist immer morgens aufgestanden.

Dann ist aus mir unerfindlichen Gründen der Knoten geplatzt und er hat ein Physik-Studium angefangen, was er mit erstaunlichem Fleiß durchzieht. Er hat seit circa fünf Jahren eine sehr nette und auch sehr strebsame Freundin, die ihm einfach „gut tut".

Unsere Tochter Hella hat Wirtschaftspsychologie studiert und leider danach ihr Master-Studium abgebrochen. Sie hat sich zusammen mit ihrem Bruder Jakob entschlossen, meine Firma zu übernehmen - ich konnte es kaum glauben, da ich an meinem sechzigsten Geburtstag erklärt hatte, dass ich unseren Kindern noch fünf Jahre Zeit gebe, eine erwachsene Entscheidung zu treffen (in Bezug auf die Firma), die sie nicht in zehn Jahren bedauern. Sie arbeitet seit einigen Wochen sehr begeistert mit, es macht uns gemeinsam Spaß und ich denke das hat Zukunft.

Es ist mir aufgefallen, dass sich die Situation völlig geändert hat: früher war ich stolz, was unsere Kinder schon alles können, was sie machen, etc. Heute bin ich stolz darauf, dass wir unsere Kinder so gut „hinbekommen" haben: es sind liebenswerte, soziale und verantwortungsvolle Menschen geworden und ich glaube, es ist auch gelungen, dass sie glücklich durchs Leben geben.

Dabei will ich den dazugehörigen Mann und Vater Peter nicht vergessen. Wir sind seit 45 Jahren ein Paar mit vielen Höhen und Tiefen, aber er ist der beste Vater, den ich mir für unsere Kinder wünsche. (Sabine R.)

*) Teil 1 ist in ZWILLINGE - DAS MAGAZIN Nr. 24 Januar/Februar 2017 enthalten

70 Jahre!

Jubiläum für Hessen & die Zwillinge Fass

Im vergangenen Jahr hatte nicht nur das Bundesland Hessen ein großes Jubiläum zu feiern, sondern auch zwei seiner treuesten Diener - Hans und Peter Fass, die dem Land jahrzehntelang als Kriminalbeamte dienten. Die eineiigen Zwillinge feierten ebenfalls ihren 70. Geburtstag.

Die Zwillinge Hans (links) und Peter Fass wurden - genau wie das Bundesland Hessen - vor 70 Jahren geboren. Und deshalb waren die beiden Ex-Polizisten auch zur großen Geburtstagsparty nach Wiesbaden eingeladen.
Dort empfing sie Sozialminister Stefan Grüttner und hatte ebenso wie die anderen Gäste Spaß an mancher Anekdote, die die beiden zum Besten gaben. Die Hitliste lustiger Verwechslungskomödien führt immer wieder die Geschichte von dem Autofahrer an, der bei einer Alkohol-Kontrolle seinen Führerschein

freiwillig abgeben wollte, weil er glaubte, doppelt zu sehen, als Hans und Peter Fass ihn angehalten hatten.

Die Fass-Brüder freuen sich schon auf ihren 75sten - denn vielleicht werden sie dann wieder nach Wiesbaden zum Feiern eingeladen.

Noch heute erzählen die pensionierten Kriminalhauptkommissare ihre Geschichten gerne vor Publikum. Gelegenheit haben sie dazu, wenn sie in sogenannte Erzählcafés eingeladen werden. Dort erheitern sie dann Senioren und Seniorinnen mit ihren spannenden und lustigen Stories aus Privat- und Berufsleben.

Auch uns werden sie in einem kleinen Interview Rede und Antwort stehen.

ZWILLINGE - DAS MAGAZIN: Wie war das bei Ihrer Geburt 1946, also vor 70 Jahren?

HANS & PETER FASS: Unsere Geburt war im Wohnhaus der Eltern. Ältere Verwandte, die mittlerweile fast 90 Jahre alt sind, haben uns anlässlich unseres Geburtstages wieder davon erzählt. Eine Zwillingsgeburt war 1946 eine kleine Sensation. Nachdem wir auf der Welt waren, ist damals unsere Oma durch das Dorf gelaufen und hat die stattgefundene Geburt „ausgetragen". Da es zu Hause kein Telefon gab, fuhr sie trotz Schnee und Kälte mit dem Fahrrad zu Bekannten und Verwandten in Nachbardörfern, um diese davon zu informieren. Einige Dorfbewohner erzählen noch heute davon, dass sie mit uns das erste Mal in ihrem Leben Zwillinge gesehen hätten.

ZWILLINGE - DAS MAGAZIN: Wie verlief Ihre Kindheit und Jugend? Waren Sie immer ein Herz und eine Seele?

HANS & PETER FASS: Wir sind als Kinder und Jugendliche in der Idylle eines Dorfes aufgewachsen, das es heute in dieser Form schon lange nicht mehr gibt. Wir waren immer eine Herz und eine Seele und sind niemals getrennte Wege gegangen. Zum Spielen brauchten wir eigentlich keinen, weil wir ja immer den anderen hatten. Kontakte zu anderen Kindern hatten wir trotzdem. Außerdem hatten wir noch eine neun Jahre ältere Schwester zum Spielen.

ZWILLINGE - DAS MAGAZIN: Gab es auch Situationen, in denen Sie so etwas wie Konkurrenz untereinander empfunden haben?

HANS & PETER FASS: Nein, weder im privaten noch im beruflichen Leben hat

Hans und Peter sind auf dem Land aufgewachsen. Die Zwillinge waren (und sind) ein Herz und eine Seele. Und ihre „Spielkameraden" hier sind ein paar Hühner.

Mein erster Schulgang

Schulanfang für Hans und Peter Fass. Na, doch ein bisschen skeptisch? Zu zweit allerdings ließ sich der erste Schultag gemeinsam meistern. Da konnte sich einer auf den anderen verlassen. Und das blieb die ganze Schulzeit so.

HANS & PETER FASS: Bei den ersten Veranstaltungen in unserem Dorf, wo wir mit 14 Jahren hingehen durften, lernten wir auch Mädels kennen. „Eifersüchteleien" gab es nicht. Obwohl wir uns immer gut verstanden haben und uns nicht nur vom Äußeren her sehr ähnlich sind, war es nie so, dass wir an ein und derselben jungen Frau Interesse hatten und es dadurch zu Eifersucht kam.

es Situationen gegeben, in denen wir uns als Konkurrenten gesehen haben. Unser beider Leben verlief bisher sehr harmonisch und wird es auch bleiben. Die engen Beziehungen bestehen bis heute, wir unternehmen nach wie vor vieles gemeinsam zum Beispiel Urlaub. Selbstverständlich gab es auch hin und wieder Streitigkeiten, die wir aber immer schnell beigelegt haben.

ZWILLINGE - DAS MAGAZIN: Und wie war das bei den Mädchen? Nie so etwas wie Eifersucht?

ZWILLINGE - DAS MAGAZIN: Und Ihre Frauen? Haben die sich auch gut verstanden? Auf den Fotos sieht es jedenfalls so aus, als ob Sie alle sehr gut harmonieren.

HANS & PETER FASS: Ja, beide haben übrigens auch am gleichen Tag Geburtstag, gehören nur einem anderen Jahrgang an. Unsere Frauen haben sich von Beginn an gut miteinander verstanden und haben bis heute nichts dagegen, dass wir nach wie vor „aneinander kleben" und die gleichen Interessen/Hobbys pflegen.

ZWILLINGE - DAS MAGAZIN: Hatten Sie immer schon den gleichen Berufswunsch?

HANS & PETER FASS: Eigentlich ja. Unser Vater war Eisenbahner und hatte als Nebenerwerb einen kleinen landwirtschaftlichen Betrieb. Da musste man schon recht frühzeitig mit „anpacken". Unser Vater hat uns an Werkzeugen angelernt und es hat uns gefallen, gemeinsam etwas zu reparieren oder herzustellen. Auch anderen helfen zu können, war immer unser Anliegen. Das Gefühl von Gerechtigkeit blieb bei uns hängen und war vielleicht sogar der Auslöser für die spätere Laufbahn bei der Polizei. Im Polizeiberuf war man ja als „Freund und Helfer" im Einsatz.

ZWILLINGE - DAS MAGAZIN: Haben Sie dann auch oft zusammen „Dienst geschoben" - wie man so schön sagt?

HANS & PETER FASS: Nach unserer gemeinsamen polizeilichen Ausbildung in Wiesbaden wurden wir 1967 zur Schutzpolizei nach Hanau versetzt. Zu Beginn unseres uniformierten Polizeidienstes waren wir längere Zeit in einer Dienstgruppe. Wir durften zusammen Streife fahren und zum Beispiel Verkehrsunfälle aufnehmen. Um uns nicht im Dienst begünstigen zu können, wurden wir später getrennt. Trotzdem haben wir uns manchmal gegenseitig im Dienst vertreten. Ohne vorher die Dienstpläne zu verändern, war es letztendlich egal, ob da Hans oder Peter stand, Hauptsache ein „Fass" war da. Im Dienst bei der Kripo war dies ähnlich.

ZWILLINGE - DAS MAGAZIN: Gibt es weitere lustige Geschichten aus Ihrem Berufsalltag oder auch aus Ihrem privaten Alltag?

HANS & PETER FASS: Das Zwillingsdasein bringt natürlich auch weiterhin Kuriositäten mit sich: In einer Arztpraxis, wo wir beide in vorbeugender Behandlung sind, wurden gelegentlich die Patientenunterlagen vertauscht, worüber sich der Arzt dann wunderte. Die Bürger können oft nicht zuordnen, wer nun mit welcher weiblichen Begleitung unterwegs war. Hatte man den nicht eben noch mit einer anderen Frau gesehen?

ZWILLINGE - DAS MAGAZIN: Was war Ihr spektakulärster Kriminalfall in Ihrer Laufbahn?

HANS & PETER FASS: In den vielen Dienstjahren kam es immer wieder zu spektakulären Kriminalfällen, an die man noch heute Erinnerungen hat. Über schwerwiegende Straftaten wollen wir lieber nichts erzählen.
Als Kriminalbeamte bearbeiteten wir im Jahr 1976 einen dreisten „Pferde-Raub": Das altehrwürdige Karussell im Staatspark Hanau-Wilhelmsbad aus dem Jahr 1780 wurde restauriert und bei Beginn dieser Arbeiten wurden zwölf der 16 alten Holzpferde, jedes mit einem Gewicht von 75 Kilogramm, gestohlen. Wir wurden in das Ermittlungsteam aufgenommen und machten uns an die Arbeit. Der Wert der gestohlenen Pferde wurde mit 175 000 DM angegeben. Die Presse berichtete ausführlich über diesen dreisten Raub. In mühsamer Kleinarbeit gelang es schließlich, die Diebe ausfindig und dingfest zu machen. Sie hatten die Pferde einem Kunsthändler in Frankfurt angeboten. Das Diebesgut wurde schließ-

Gefühle wie Konkurrenz kennen Hans und Peter Fass nicht. So sind sie im beruflichen wie im privaten Bereich einander immer herzlich verbunden. Und wie passend - die beiden Ehefrauen sind auch beinahe Zwillinge: sie haben am gleichen Tag Geburtstag.

lich in einem Bauerngehöft bei Gießen aufgefunden, versteckt waren die Pferde unter Rüben und Kohlen. „Hurra, die Pferde sind wieder da" lautete damals die Schlagzeile im Hanauer Anzeiger.

ZWILLINGE - DAS MAGAZIN: Da könnten Sie ja dann zusammen den ersten Zwillingskrimi schreiben ...?

HANS & PETER FASS: Ja, das wäre möglich. Als „Kripo-Zwillinge" könnten wir buchstäblich ein „Krimi-Fass" aufmachen und das könnte zum Beispiel lauten: „Doppelter Einsatz in Hessen". Für spannende Geschichten aus dem Alltag gäbe es genügend Stoff. Wir haben unzählige Ermittlungen geführt, um den Tätern auf die Spur zu kommen und damit Delikte aufzuklären.

Unsere polizeilichen Aufträge haben wir immer mit Engagement und Hingabe erfüllt. Aber wir wollen über unseren Abschied hinaus weiter diskret bleiben, damit wir keine gemischten Sympathie-Gefühle belegen.

ZWILLINGE - DAS MAGAZIN: Vielen Dank für die interessanten Einblicke in Ihr Leben. Wir klopfen dann zum 75sten Geburtstag wieder an ... Bis dahin alles Gute für Sie beide und Ihre Familien.

Neues Heft erscheint am 29. Mai 2017

MIT ZWILLINGEN IM URLAUB: Reiseziel Schweden

Ein bisschen wie Bullerbü: unser Schwedenurlaub

Natur pur - das garantiert ein Urlaub in Schweden. Auch die Zwillingsfamilie P. packte im vergangenen September die Koffer und machte sich auf in den Norden. Besonders eindrucksvoll für die Kinder: die Schiffsfahrt, die Elche und das Angeln am See.

Endlich ist es wieder soweit: Koffer packen, Auto beladen, Kinder schnappen und ab nach Rostock in den Hafen. Dort wartet schon die große Fähre nach Schweden. Für unsere Kinder, Björn und die Zwillinge Emil und Sören beginnt ein großes Abenteuer.

Schwedenurlaub - das große Abenteuer beginnt mit einer Schiffsreise

Die Fähre an sich war schon spannend für die Kids. Um 7.30 Uhr auf dem Deck zu stehen, um den Sonnenaufgang zu genießen und dabei zuzuschauen, was alles so im Bauch vom Schiff so verschwindet: Autos, unzählige LKW, Wohnmobile Busse und zu guter letzt ein Güterzug mit ganz vielen Wagons.
Die Kids haben nur so gestaunt. Das Schiff legte dann ab. Wir haben uns die Fahrt aus dem Rostocker Hafen vom Deck aus angesehen. Danach sind wir ab in die Kabine, um zu frühstücken.
Und nach ein paar Stunden Ausruhen und das Schiff erkunden, sind wir dann in einem schwedischen Hafen angekommen. Jetzt hieß es nur noch etwa drei Stunden Auto fahren. Aber das haben wir alles gut überstanden und unsere drei Kinder waren ganz lieb im Auto und haben die Strecke geduldig überstanden. Am Ferienhaus angekommen, war es einfach herrlich. Fast wie in Bullerbü.
Am nächsten Tag haben wir uns erst einmal ausgeruht und das Ferienhaus erkundet. Und natürlich die Umgebung. Nur 200 Meter vom Haus entfernt gab es einen kleinen See mit einem Boot, das wir benutzen durften und einem eigenen Anleger für ein Paddelboot.
Unser Papa hat gleich mal die Angeln startklar gemacht und ist mit unserem großen Sohn Björn zum Angeln gegangen. Und das haben die beiden dann eigentlich fast jeden Tag gemacht.
Emil und Sören wollten natürlich auch mit zum Angeln, was zwar manchmal im Chaos geendet hat.

Jeden Tag werden Fische gefangen.

Der Erfolg der beiden Angler konnte sich sehen lassen. Sogar Björn, der große Bruder, hat einige Fische gefangen und da war er sehr stolz drauf.
Die meisten Fische haben ihre Freiheit wieder bekommen, aber es wurde auch

einmal einer gegessen, wenn er groß genug war.

Am meisten haben Rotfedern angebissen - meistens kleine und ab und zu auch ein großer.

Emil hatte dann stolz ein zappeligen Fisch in der Hand und ihn wieder frei gelassen. Für einen kleinen Jungen ein ganz großes Erlebnis.

Aber es sind auch zwei Fische für die Pfanne dabei gewesen.

Sehr imposant: die Elche - schade, dass sie bei uns nicht heimisch sind

Ausflüge haben wir natürlich auch gemacht. Zum Beispiel in den Elchpark, um den König des Waldes zu bestaunen. Mit viel Glück konnten wir mal einen Elch faul am Zaun liegend sehen. Man konnte den dann sogar streicheln. Wahnsinn - so ein Elch ist wirklich groß und imposant.

Bootfahren war für die Jungs auch eine tolle Sache

Björn Sören und Emil sind aus dem Staunen nicht mehr raus gekommen. Elche sind schon echt tolle Tiere. Schade, dass sie bei uns nicht heimisch sind ...

Das Boot, das beim Ferienhaus dabei war und auch von uns benutzt werden durfte, haben wir natürlich auch ausprobiert und sind über den See geschippert. Die Angel war natürlich immer dabei :-)

Schweden ist einfach ein tolles Land. Die Mentalität der Menschen ist super.

Und erst die wunderbare Landschaft! Wahnsinn - man fährt Kilometer lang einfach nur gerade aus. Allerdings

Reiche Ausbeute: das Abendbrot wird stolz von Zwilling Emil präsentiert. Meist waren es Rotfedern, die gefangen wurden. Die Rotfeder zählt zur Familie der Karpfenfische. Mit einer Größe von 20 bis 30 Zentimetern gehört die Rotfeder eher zu den kleineren Fischarten. Das Gewicht kann mehrere Hundert Gramm betragen. Auffällig die rotgefärbten Flossen.

nur mit Tempo 80 - mehr darf man da nicht fahren außer auf der Autobahn, da darf man 100 Stundenkilometer - mehr nicht.

An der Ostsee waren wir auch und haben da sogar baden können. Es war im September noch nicht wirklich kalt und wir hatten auch viele schöne sonnige Tage.

Einmal haben wir auch eine Wanderung gemacht rund um die Gegend von unserem Ferienhaus. Dabei haben wir sogar Elchspuren gefunden und haben nicht schlecht gestaunt, dass nicht weit von uns Elche gemütlich spazieren gehen. Nur schade, dass man sie in freier Wildbahn nicht wirklich zu Gesicht bekommt.

Leider waren die zwei Wochen Urlaub viel zu schnell vorbei. Und dann ging es wieder heim. Was ja auch wieder schön ist, denn nach ein bisschen Abwechslung freut man sich auch wieder auf zu Hause.

Zum Abschluss die Fähre: darauf freuten sich die Jungs

Noch einmal mit dem großen Schiff fahren - darauf haben sich die Jungs gefreut. Auf der Fähre gab es auch ein richtiges Spielzimmer mit Rutsche und Bällebad. Darin hatten Björn, Sören und Emil ihren Spaß.

Sie haben auch mit einem schwedischen Jungen gespielt. Reden war nicht wirklich drin, da wir ja kein Schwedisch können und der Junge auch kein Deutsch. Aber Kindern ist das egal. Auch unseren Kids war das egal - sie haben sich irgendwie trotzdem verstanden. Das war sehr schön anzusehen.

Insgesamt war unser Schwedenurlaub mit Kindern ein schöner Urlaub. Wir können Schweden einfach nur empfehlen. Und wir fahren sicher auch im nächsten Urlaub wieder nach Schweden - schließlich ist das Land groß genug, um jedesmal ein anderen Fleck zu erkunden.

Schwedenurlaub ist immer auch sehr naturnah - also fast wie in Bullerbü, dem Kinderbuch von Astrid Lindgren. Im dazugehören Boot schippern Franzi und ihre drei Jungs über den nahen See.

REISELAND SCHWEDEN: Ferienhausadressen

Willkommen in Sverige!

Viele Familien aus Deutschland zieht es eher in den Süden. Wenn's in den Norden geht, ist meist in Dänemark Schluss. Was aber ist mit Schweden?

Das Reiseland Schweden ist von seiner äußersten Südspitze in Schonen bis zum letzten Ende in Lappland mehr als 1.500 Kilometer lang. Die Nordspitze liegt weit nördlich des Polarkreises. Der Norden Schwedens liegt im Bereich der Mitternachtssonne und in großen Teilen Schwedens gibt es gute Chancen, das Polarlicht zu erleben. Das dann allerdings leider nicht im Sommer. Für Familien mit Kindern bietet das Land tolle naturnahe Urlaube.

Wenig Menschen - viel Land

In Schweden gibt es nur neun Millionen Einwohner, die Bevölkerungsdichte beträgt weniger als ein Zehntel der von Deutschland. Dafür gibt's zusätzlich Elche und Bären und jede Menge Wald. In keinem anderen Land Europas gibt es so viel Wald, aber auch Wasser ist reichlich vorhanden.

Es gibt weite und flache Landstriche vor allem in Südschweden, es gibt Felsküsten, es gibt die außergewöhnliche Kreideküste Gotlands, dieser milden Insel an der schwedischen Südostküste. Sie finden ein Gewirr wunderschöner kleiner Schäreninseln vor der Ostseeküste, etwa in der Höhe von Stockholm. Es gibt reizvolle Wasserfälle, hohe Berge - der höchste Berg, der Kebnekajse, ragt immerhin über 2.000 Meter auf - naturbelassene Moore, in denen Kranich und Birkhuhn ihr Zuhause haben und Tausende von Seen, von denn der Vänersee (Vänern) mit gut 5.600 Quadratkilometern bald doppelt so groß ist, wie die Insel Mallorca; es ist der drittgrößte See Europas!

Viel Natur macht auch Familien mit Kindern Spaß.

Der Tourismus ist in Schweden überraschend schwach entwickelt - sehr zur Freude der echten Schweden-Fans. Die meisten Urlauber kommen aus Schweden selbst und aus dem Ausland sind die Deutschen die Spitzenreiter. Es gibt gute Fährverbindungen zwischen Deutschland und Schweden

Schweden ist ein Paradies für Angler und Naturliebhaber. Besonders attraktiv ist die Welt der „Schären", das sind kleine Inseln, die zu Hunderten vor der schwedischen Ostküste liegen. Die Schären sind allerdings zum großen Teil in privater Hand. Für jedermann zugänglich aber ist die große Insel Gotland, die „Perle Schwedens". Aber auch alle anderen Gebiete Schwedens sind immer eine Reise wert.

Informations- & Buchungsadressen:

- www.schwedenurlaub.com
- www.schweden-urlaub-hsf.de
- www.schwedenstube.de
- www.ferienhaus-schweden.de
- www.svevilla.de

Bisher erschienene Ausgaben von
ZWILLINGE - das Magazin

Folgende Ausgaben unserer neuen Zeitschrift sind jederzeit & immer zu haben unter www.twins.de und auf allen gängigen Internet-Buchbestell-Portalen. Als Buch für 9,90 €, als E-Book für nur 7,99 € (nur bis Ausgabe 17). Von Ausgabe 01 bis inklusive Ausgabe 20 wurde das Magazin unter dem Titel: „Das neue ZWILLINGE Magazin" veröffentlicht. Danach haben wir die Zeitschrift umbenannt, damit sie im Internet besser gefunden wird.

- Das neue ZWILLINGE Magazin - Ausgabe 01: ISBN 978-3-927058-22-4 (print 9,90 €)
- Das neue ZWILLINGE Magazin - Ausgabe 02: ISBN 978-3-927058-25-5 (print 9,90 €)
- Das neue ZWILLINGE Magazin - Ausgabe 03: ISBN 978-3-927058-28-6 (print 9,90 €)
- Das neue ZWILLINGE Magazin - Ausgabe 04: ISBN 978-3-927058-32-3 (print 9,90 €)
- Das neue ZWILLINGE Magazin - Ausgabe 05: ISBN 978-3-927058-36-1 (print 9,90 €)
- Das neue ZWILLINGE Magazin - Ausgabe 06: ISBN 978-3-927058-53-8 (print 9,90 €)
- Das neue ZWILLINGE Magazin - Ausgabe 07: ISBN 978-3-927058-60-6 (print 9,90 €)
- Das neue ZWILLINGE Magazin - Ausgabe 08: ISBN 978-3-927058-65-1 (print 9,90 €)
- Das neue ZWILLINGE Magazin - Ausgabe 09: ISBN 978-3-927058-67-5 (print 9,90 €)
- Das neue ZWILLINGE Magazin - Ausgabe 10: ISBN 978-3-927058-73-6 (print 9,90 €)
- Das neue ZWILLINGE Magazin - Ausgabe 11: ISBN 978-3-927058-79-8 (print 9,90 €)
- Das neue ZWILLINGE Magazin - Ausgabe 12: ISBN 978-3-927058-82-2 (print 9,90 €)
- Das neue ZWILLINGE Magazin - Ausgabe 13: ISBN 978-3-927058-84-2 (print 9,90 €)
- Das neue ZWILLINGE Magazin - Ausgabe 14: ISBN 978-3-927058-90-4 (print 9,90 €)
- Das neue ZWILLINGE Magazin - Ausgabe 15: ISBN 978-3-927058-93-4 (print 9,90 €)
- Das neue ZWILLINGE Magazin - Ausgabe 16: ISBN 978-3-927058-95-8 (print 9,90 €)
- Das neue ZWILLINGE Magazin - Ausgabe 17: ISBN 978-3-927058-97-2 (print 9,90 €)
- Das neue ZWILLINGE Magazin - Nr. 18: ISBN 978-3-927058-99-6 (nur print - 7,99 €)
- Das neue ZWILLINGE Magazin - Nr. 19: ISBN 978-3-927058-39-2 (nur print - 7,99 €)
- Das neue ZWILLINGE Magazin - Nr. 20: ISBN 978-3-927058-43-9 (nur print - 7,99 €)
- ZWILLINGE - DAS MAGAZIN - Nr. 21: ISBN 978-3-927058-46-0 (nur print - 7,99 €)
- ZWILLINGE - DAS MAGAZIN - Nr. 22: ISBN 978-3-743141-65-0 (nur print - 7,99 €)
- ZWILLINGE - DAS MAGAZIN - Nr. 23 noch nicht erschienen (nur print - 7,99 €)
- ZWILLINGE - DAS MAGAZIN - Nr. 24 ISBN 978-3-7431-6633-2 (nur print - 7,99 €)

Jedes Magazin (Buch) 9,90 € portofrei im Internet oder plus Porto 1 €
über www.twins.de - bis Ausgabe 17 auch als E-Book 7,99 € bei Amazon
& anderen Portalen. Ab Nr. 18 nur noch in print-Version für nur noch 7,99 €.

Nächste Ausgabe: ZWILLINGE - DAS MAGAZIN -
Ausgabe 26 = Mai/Juni 2017 voraussichtlich ab 29. Mai 2017*)

*) da das Heft bei Books on Demand produziert wird, können wir keinen definitiven Termin für das Erscheinen angeben, da wir auf die Produktionszeiten von BoD keinerlei Einfluss haben.

UNSER BLOG: Neue Kommunikationswege

Mitmachen: Unser Blog ist Euer Blog!

Wir sind auf „unsere alten Tage" unter die Blogger gegangen. Mit diesem Informationsangebot versuchen wir nicht nur, Zwillings- und Drillingseltern zeitgemäß zu informieren, sondern auch die zeitliche Informationslücke zu schließen, bis die nächste Ausgabe von ZWILLINGE - DAS MAGAZIN kommt.

Ich bin unter die Blogger gegangen! Und das nicht, weil ich mich langweile und was zu tun brauche ... Nein, das eher nicht. Sondern weil ich mit diesem Blog zusätzliche Zwillings- und Drillingseltern mit guten Informationen versorgen möchte.

Aber, auch hier geht es wieder um's Mitmachen. Wenn keiner die Beiträge kommentiert, dann bleibt es eine einseitige Seite von mir, Marion von Gratkowski, und meiner Partnerin Melanie, die einspringt, wenn mir mal nichts mehr einfällt.

Wie kann man beim Blog mitmachen? zu allererst, in dem man sich als Dauerleser (Follower) eintragen lässt. Dazu gibt's auf der Startseite einen Button (rechts oben/ganz rechts). Siehe Pfeil.

Und natürlich kann man sich das Blog auch unter den Lesezeichen speichern, so dass man mit einem Click drauf kommt. (linker Button der 2 Buttons).

Und natürlich könnt Ihr alle Beiträge kommentieren und davon solltet Ihr wirklich regen Gebrauch machen. Denn nur dank Eurer Erfahrungen kann dieses Blog zu einem wahren Schatz werden - einem Erfahrungsschatz für alle Eltern.

Danke dafür - Marion von Gratkowski

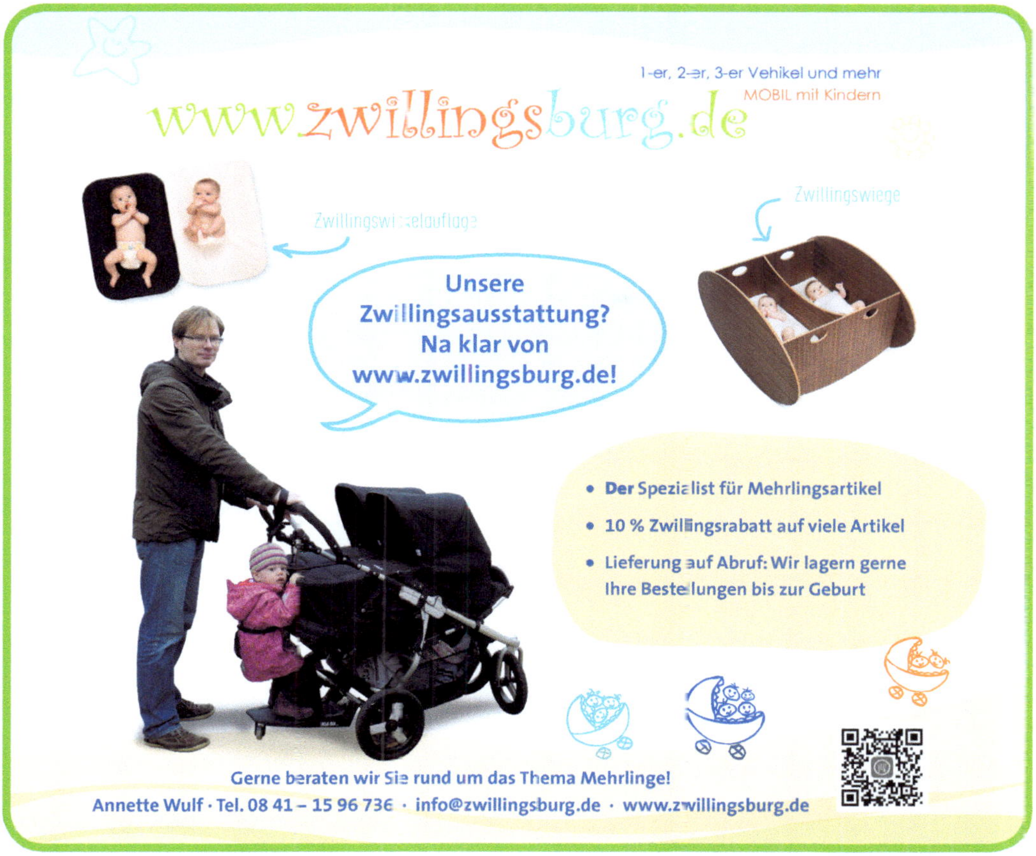

1-er, 2-er, 3-er Vehikel und mehr
MOBIL mit Kindern
www.zwillingsburg.de
Zwillingswickelauflage
Zwillingswiege
Unsere Zwillingsausstattung? Na klar von www.zwillingsburg.de!
Der Spezialist für Mehrlingsartikel
10 % Zwillingsrabatt auf viele Artikel
Lieferung auf Abruf: Wir lagern gerne Ihre Bestellungen bis zur Geburt
Gerne beraten wir Sie rund um das Thema Mehrlinge!
Annette Wulf · Tel. 08 41 – 15 96 736 · info@zwillingsburg.de · www.zwillingsburg.de

SCHÖNE MODE UND GESCHENKE
FÜR ZWILLINGE,
MÄDCHEN UND JUNGEN!
LiebZwei
DIE EINZIGARTIG SIND
www.liebzwei.de

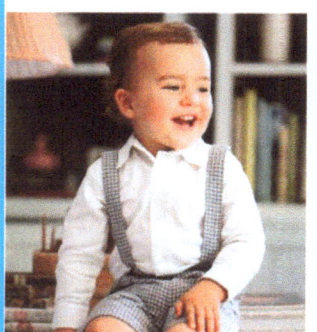

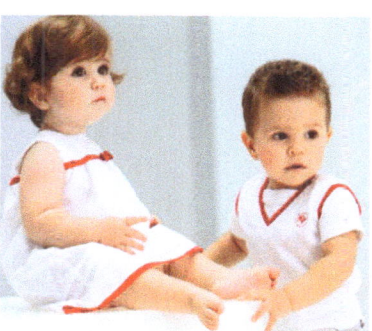

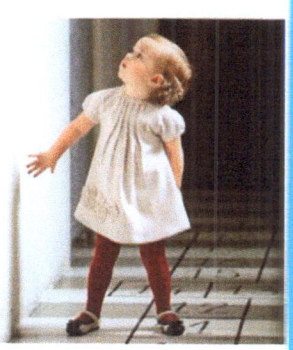

ZU GUTER LETZT: Die neue Schnuller-weg-Methode ...

Gib dem Affen Schnuller!

So schnell kann's gehen ... der schnullersüchtige Vinzenz staunte nicht schlecht, als ihm ein Affe den Schnuller klaute ...

So schnell konnte ich gar nicht schauen, da war unser knapp zweijähriger Vinzenz seines heißgeliebten Schnullers beraubt worden - ohne die Aussicht auf ein happy end. Den Naturzoo in Rheine noch bis zur baldigen Schließzeit um 18.00 Uhr auszunutzen, das war unser erklärtes Ziel mit all unseren vier Kindern. Da wir als gebürtige Münchner mit den Kindern bis jetzt immer gerne und oft den Tierpark in Hellabrunn besucht haben, es dort aber kein begehbares Affengehege gibt, wollten wir uns diese Attraktion im Tierpark von Rheine (wir haben unseren Sommerurlaub diesmal im schönen Münsterland verbracht) nicht entgehen lassen.

Sorgfältig hatte ich die Warnschilder vor dem Betreten des Berberaffengeheges studiert und nach eingehender Lektüre alle Familienmitglieder instruiert, dass die Sonnenhüte, Rucksäcke, Sonnenbrillen sowie alles Ess- und Trinkbares vor dem Freigehege zu deponieren seien, woran wir uns auch akribisch hielten.

Nur von einem farbenprächtigen Schnuller im Mund unseres „diddisüchtigen" Sohnes Vinzenz war nirgends etwas zu lesen gewesen ...

Wir hatten das Gehege noch gar nicht alle betreten, als Vinzenz empört losschrie und von dem Affen mit allen Mitteln seinen Schnuller zurückforderte - erst mal ergebnislos. Erst der todesmutige Papa konnte den (mittlerweile nicht mehr benutzbaren) Schnuller dem Affen wieder entreißen ...
(Dorothea F.)

„Gib sofort meinen Diddi her, Du blöder Affe!" So schnell konnte Vinzenz gar nicht schauen, da war der heiß geliebte Schnuller weg.